AF870753

Die

Staatskonkurs-Aufgaben

für den

höheren Justiz- und Verwaltungsdienst

im Königreich Bayern.

Die Aufgaben im Jahre 1901.

Mit hoher ministerieller Genehmigung.

München 1902.
J. Schweitzer Verlag (Arthur Sellier).

Die Staatskonkurs-Aufgaben

im Jahre 1901.

I. Aufgabe

aus dem bürgerlichen Rechte und dem Civilprozeßrechte.

I.

Am 1. Juni 1901 ist das Grundbuch für die Gemeinde Felden, Amtsgerichts Felden, für angelegt erklärt worden.

Auf dem dem Bauern Michael Guggemos gehörenden Grundstücke Plan Nr. 24 der Steuergemeinde Felden waren an diesem Tage folgende Belastungen eingetragen:

5000 *M* Hypothek für ein Darlehen des Josef Stern;

8000 *M* Hypothek für eine Kaufschillingsforderung des Ignaz Huber;

4000 *M* Hypothek für eine am 2. April 1902 zahlbare Kaufgeldforderung des Maschinenfabrikanten Karl Frank.

Die Hypotheken haben ihren Rang entsprechend der vorstehenden Aufzählung.

Am 14. Juni 1901 wurde das Grundstück mit einer Hypothek von 2000 *M* für ein Darlehen des Heinrich Groß belastet und dabei der Rangvorbehalt für eine noch einzutragende Hypothek von 1000 *M* eingetragen.

Am 15. Juni wurde auf grund vorläufig vollstreckbaren Versäumnisurteils des Landgerichts Felden vom 10. desselben Monats eine Sicherungshypothek von 500 *M* für Johann Wiedemann eingetragen.

Am 17. Juni erfolgte die Eintragung von 1600 *M* Hypothek für eine Darlehensforderung der Auguste Bandorf. Dieser Hypothek wurde der Vorrang vor der Hypothek zu 2000 *M* für den Betrag von 1000 *M* beigelegt.

Unterm 1. Juli 1901 wurde die Zwangsversteigerung des Grundstücks zum Zwecke der Zwangsvollstreckung angeordnet.

Im Laufe des Verfahrens wurde festgestellt:

a. Joseph Stern hat das Darlehen, zu dessen Sicherung die 5000 ℳ Hypothek eingetragen sind, nur zum Betrage von 4000 ℳ ausbezahlt. Hiervon hat Guggemos schon im Jahre 1900 den Betrag von 1000 ℳ zurückbezahlt; bei dieser Gelegenheit vereinbarten Stern und Guggemos, daß Stern den Darlehensrest nicht mehr ausbezahlen solle. Stern erkennt dies an und beansprucht auch nur für 3000 ℳ Befriedigung aus dem Grundstücke.

b. Die Hypothek zu 4000 ℳ sollte zur Sicherung des Preises für eine zu liefernde Dreschmaschine dienen. Frank hat dem Guggemos die Dreschmaschine im Mai 1901 geliefert. Am 5. Juni hat er mit Guggemos, da dieser die Maschine, weil sie unbrauchbar war, nicht annahm, vereinbart, daß der Kaufvertrag als nicht abgeschlossen gelten solle.

1. Gesetzt, daß die Zwangsversteigerung von Johann Wiedemann betrieben wird, wie hoch ist (abgesehen von Zinsen und Kosten) das geringste Gebot? Wie hoch ist es, wenn Groß die Versteigerung betreibt?

2. Gesetzt Stern betreibt die Zwangsversteigerung, wie und an wen ist der Erlös zu verteilen, wenn nach Abzug der Kosten 18100 ℳ, und wie und an wen, wenn 16100 ℳ verfügbar sind? Zinsen haben außer Betracht zu bleiben.

II.

Durch das Urteil des Landgerichts Felden vom 3. Januar 1896 ist die Ehe zwischen Anton und Therese Voll geschieden worden, weil das Gericht auf grund der unwahren Aussage des Zeugen Arnold Adler angenommen hatte, daß Therese Voll die Ehe gebrochen habe.

Nachdem dieses Urteil rechtskräftig geworden war, hat sich Anton Voll mit Anna Huber verehelicht. Aus der Ehe ist ein Sohn, der am 25. August 1897 geborene Johann

Voll, entsprossen. Im Jahre 1899 erfuhr Anton Voll, daß der Zeuge Adler aus Rachsucht in dem Scheidungsprozesse die Unwahrheit gesagt habe. Daraufhin verließ er seine zweite Frau Anna und knüpfte mit seiner früheren Gattin Therese wieder Beziehungen an und wohnte ihr wiederholt bei. Infolge hievon gebar Therese Voll am 2. Januar 1900 ein Kind, das den Namen Karl erhielt. An demselben Tage, einige Stunden später, gebar auch Anna Voll ein Kind, das den Namen Friedrich erhielt.

Nach der Geburt des Kindes Karl erstattete Therese Voll gegen Arnold Adler Anzeige wegen Meineids und dieser wurde hierauf zu einer mehrjährigen Zuchthausstrafe verurteilt.

Nunmehr erhob Therese Voll gegen das Scheidungsurteil Restitutionsklage und erwirkte am 2. Dezember 1900 ein Urteil des Landgerichts Felden, wodurch die Scheidungsklage des Anton Voll unter Aufhebung des Urteils vom 3. Januar 1896 abgewiesen wurde.

Nachdem dieses Urteil rechtskräftig geworden war, ist Anton Voll am 3. Februar 1901 unter Hinterlassung eines Vermögens von 100000 ℳ gestorben. Eine Verfügung von Todeswegen liegt nicht vor.

Welche Ansprüche an den Nachlaß können Therese Voll, Anna Voll und die Kinder Karl, Johann und Friedrich erheben Ist eines der Kinder Karl, Johann oder Friedrich unehelich? Wer kann die Unehelichkeit geltend machen und in welcher Form kann die Geltendmachung erfolgen?

Die Antworten sind zu begründen. Bei der Beantwortung der Fragen haben die Kandidaten das Reichsrecht und, soweit die Zeit vor dem Inkrafttreten des Bürgerlichen Gesetzbuchs oder vor der Anlegung des Grundbuchs in betracht kommt, an den Prüfungsorten in den Landesteilen rechts des Rheins das Gemeine Recht und das bayerische Hypothekengesetz, in der Pfalz das bis dahin in der Pfalz geltende Recht zu grunde zu legen.

II. Aufgabe
aus dem bürgerlichen Rechte und dem Civilprozeßrechte.

I.

Arthur Adler, der in Augsburg ein Bankgeschäft betreibt, kommt jeden Mittwoch nach Felden, wo er einen Laden gemietet hat, um dort Bankgeschäfte zu machen. Zu seinen Kunden gehören der Sattler Mathias Grieg und der Bäcker Ottmar Huber von Felden.

Am 28. August 1901 erhielt Adler von Grieg drei Stück Schuldverschreibungen der Schuhfabrik Felden zu je 1000 ℳ, von Huber vier Stück Aktien der Gewerbebank Felden zu je 2000 ℳ zur Aufbewahrung als offenes Depot und zugleich als Sicherheit für die ihm aus der Geschäftsverbindung mit ihnen zustehenden Forderungen. Die zur Aufbewahrung übergebenen Wertpapiere standen an diesem Tage al pari. Zugleich erteilten Grieg und Huber dem Adler den Auftrag, für sie andere Effekten anzuschaffen; für Grieg sollte er drei Stück Kleinbahnaktien à 1000 ℳ, für Huber acht Stück Aktien der Brauerei Felden à 1000 ℳ kaufen.

Am 1. November 1901 teilte Adler dem Grieg mit, er habe den erteilten Auftrag am 30. August zum Kurse dieses Tages von 273 effektuiert, die Papiere dem Depot des Grieg beigefügt und dessen Konto mit dem Kaufpreise von 8190 ℳ belastet. Am selben Tage teilte er auch dem Huber mit, daß er dessen Auftrag am 30. August zum Tageskurse von 420 ausgeführt, die Papiere dem Depot des Huber beigefügt und dessen Konto mit dem Kaufpreise von 33600 ℳ belastet habe. Beiden Mitteilungen war angefügt, daß, nachdem die Kurse sämtlicher in den Depots befindlicher Wertpapiere inzwischen auf die Hälfte zurückgegangen seien, er im Depot die Sicherheit für den Kaufpreis nicht mehr finde; er ersuche sie daher entweder den Kaufpreis der angeschafften Papiere zu bezahlen oder die Depots entsprechend zu verstärken, andernfalls müsse er zum Verkaufe der Papiere schreiten.

Am 7. November schrieb Huber dem Adler, er möge ihm doch mitteilen, welche Nummern die angeschafften Papiere haben. Als Adler am Mittwoch, den 13. November, wieder nach Felden kam, schickte er dem Grieg und dem Huber je ein Verzeichnis der angeschafften Papiere. Huber erklärte ihm noch am selben Tage, er nehme die Papiere nicht, diese seien nicht am 30. August, sondern erst jetzt angeschafft. Grieg bat den Adler um Zahlungsnachsicht bis nächsten Mittwoch, den 19. November. Da er indessen an diesem Tage nicht bezahlte, forderte ihn Adler nochmals brieflich auf, bis zum 25. November den Preis für die Kleinbahnaktien zu bezahlen, sonst werde er die im Depot befindlichen Papiere verkaufen.

1. Huber verlangt von Adler die Herausgabe der deponierten Aktien der Gewerbebank Felden. Adler verweigert die Herausgabe bis zur Bezahlung des Kaufpreises für die Brauereiaktien.

2. Von Grieg verlangt Adler die Bezahlung von 6780 *M*; zur Begründung macht er geltend: auf den Kaufpreis für die Kleinbahnaktien rechne er den Betrag von 1410 *M* ab; die von Grieg deponierten Schuldverschreibungen notierten am 26. November 1901 nach dem amtlichen Kurszettel 47; zu diesem Preise habe er sie zur teilweisen Befriedigung für seine Forderung übernommen.

Wie ist zu entscheiden? Es ist davon auszugehen, daß Adler die Papiere, die er anschaffen sollte, in der That schon am 30. August angeschafft hat.

II.

Die ledige Näherin Ida Hahn hat am 5. Mai 1900 in Felden ein Kind geboren, das mit dem Vornamen Margareta in das Geburtsregister eingetragen worden ist. Am 17. Juli 1901 verehelichte sich Ida Hahn mit dem Metzgermeister Gottlieb Huhn. Am Schlusse der Beurkundung über die Eheschließung wurde in das Heiratsregister der Vermerk eingetragen, daß „der Ehemann Gottlieb Huhn erklärte, daß er das von seiner Ehefrau Ida am 5. Mai 1900 geborene Kind als von ihm erzeugt anerkenne.“ Ein dieser Anerkennung entsprechender Vermerk wurde in das Geburtsregister des Standesbeamten in Felden zu dem Geburtsfalle eingetragen.

Am 18. November 1901 wurden Gottlieb und Ida Huhn vom Landgerichte Felden wegen Urkundenfälschung und Vergehens aus § 169 des StGB. zu je einem Tage Gefängnis rechtskräftig verurteilt, weil die Erklärung, daß das Kind von Gottlieb Huhn erzeugt sei, bewußt wahrheitswidrig abgegeben war.

1. Kann Gottlieb Huhn dem Kinde Margareta seinen Namen gemäß § 1706 des BGB. erteilen, solange der bezeichnete Vermerk im Geburtsregister eingetragen ist? Bejahenden Falles kann, so lange dieser Eintrag besteht, die Namensänderung in das Geburtsregister eingetragen werden?

2. Auf welchem Wege kann der bezeichnete Vermerk im Geburtsregister beseitigt werden?

III.

In der Gemeinde Felden, bayerischen Amtsgerichts Felden, ist das Grundbuch seit dem 1. Juli 1900 als angelegt erklärt.

Der Fabrikbesitzer Adler in Felden beabsichtigte, seinen Arbeitern Heimstätten zu verschaffen. Er teilte deshalb ein in der Nähe seiner Fabrik befindliches großes Grundstück in mehrere Parzellen ab, errichtete auf jeder derselben ein Haus und verkaufte die Häuser um den Selbstkostenpreis gegen billige Bedingungen an seine Arbeiter. Um zu verhüten, daß die Häuser zu Spekulationszwecken weiter veräußert werden, bedingte er bei jedem Verkaufe für sich und seine Erben ein Vorkaufsrecht aus und ließ das Vorkaufsrecht in das Grundbuch eintragen.

Auf diese Weise erwarb der Vorarbeiter Berger von ihm am 17. August 1900 das Grundstück Plan-Nr. 423, auf dem das Haus Nr. 26 der Gemeinde Felden stand, um den Preis von 11 000 ℳ. Hievon wurden 1000 ℳ bar bezahlt, der Rest sollte zu 3% verzinst und in 25 Jahresraten à 400 ℳ, die erste am 1. Januar 1902 zahlbar, getilgt werden. Für den Rest wurde Hypothek an erster Stelle eingetragen.

Berger bestellte am 3. Juni 1901 für sich selbst eine Grundschuld zu 800 ℳ auf dem Grundstücke. Am 4. Juni bestellte er seiner Schwiegermutter Callenberger angeblich für ein Darlehen, in Wirklichkeit schenkungsweise eine Hypothek im Betrage von 900 ℳ; am gleichen Tage trat er die Grundschuld an seine Schwägerin Degen unentgeltlich ab; die Abtretungserklärung wurde von dem Notar Alt in Felden beglaubigt, der Grundschuldbrief wurde der Degen ausgehändigt, im Grundbuche wurde die Abtretung jedoch nicht eingetragen. Am 6. Juni wurde auf dem Grundstücke des Berger für David Neumann auf grund eines vollstreckbaren Urteils des Landgerichts Felden eine Sicherungshypothek von 950 ℳ eingetragen.

Tags darauf verkaufte Berger das Grundstück um 15 000 ℳ an seinen Vetter Erler, einen völlig vermögenslosen Arbeiter. Dieser übernahm in Anrechnung auf den Kaufpreis die auf dem Grundstücke lastenden Hypotheken und die Grundschuld und verpflichtete sich, den Rest am 15. Juni 1901 zu bezahlen. Am selben Tage noch wurde dem Erler das Grundstück aufgelassen und Erler als Eigentümer in das Grundbuch eingetragen.

Erler verkaufte das Grundstück am 8. Juni um 13 500 ℳ an den Privatier Stein in Altheim. Dieser übernahm die eingetragenen Belastungen in Anrechnung auf den Kaufpreis und bezahlte den Rest von 850 ℳ sogleich bar an Erler. Daß ein Vorkaufsrecht bestehe, hatte Erler dem Stein arglistiger Weise verschwiegen. Der Kaufvertrag und die Auflassung wurden vom bayerischen Notar Baum in Altheim beurkundet. Die Einsicht des Grundbuchs war dem Notar, wie in der Urkunde festgestellt ist, wegen Dringlichkeit der Beurkundung nicht möglich, auch ein Grundbuchauszug lag bei der Beurkundung nicht vor. Am 9. Juni wurde Stein als Eigentümer in das Grundbuch eingetragen.

Durch eine bezügliche Bemerkung des Grundbuchamts auf der Urkunde erhielt der Notar Baum von dem Bestehen des Vorkaufsrechts Kenntnis. Er gab zu seiner eigenen Sicherheit dem Adler von den Verkäufen Kenntnis und dieser teilte sofort mit eingeschriebenem Briefe vom 12. Juni dem Berger mit, daß er das Vorkaufsrecht ausübe.

1. Sind die Hypotheken und die Grundschuld, mit denen das Grundstück während der Besitzzeit des Berger belastet worden ist, dem Adler gegenüber wirksam?
2. Auf welchem Wege verlangt Adler seine Eintragung als Eigentümer in das Grundbuch?
3. Welchen Kaufpreis muß Adler bezahlen und an wen?

Die Fragen sind nach dem Reichsrechte zu beantworten. Die Antworten sind zu begründen.

III. Aufgabe

aus dem bürgerlichen Rechte und dem Civilprozeßrechte.

Moritz Adler hatte sein Leben bei der Hypotheken- und Wechselbank in München mit 5000 ℳ versichert. Im Januar 1900 erhielt er von der Hypotheken- und Wechselbank ein Darlehen von 200 ℳ. Zur Sicherung des Anspruchs der Bank aus dem Darlehen hinterlegte er bei der Bank die Police. Ueber die Hinterlegung stellte die Bank einen sogenannten Hinterlegungsschein aus, in dem sie bezeugte, „von Adler die Police als Hinterlage für den auf die Police gemachten Vorschuß von 200 ℳ empfangen“ zu haben. Nach den Versicherungsbedingungen wird die Versicherungssumme nur gegen Aushändigung der Police und die Police nur gegen Aushändigung des Hinterlegungsscheins verabfolgt; die Bank ist berechtigt, aber nicht verpflichtet, dem Inhaber der Police die Versicherungssumme und dem Inhaber des Hinterlegungsscheins die Police auszuhändigen.

Adler stand mit Joseph Zettel in Geschäftsverkehr. Zettel erklärte am 2. Februar 1900 dem Adler, daß er ihm weiteren Kredit nur gegen Sicherheit gewähre. Adler bemerkte hierauf: „er gehe hierauf ein und verpfände dem Zettel seine Lebensversicherung." Zettel war hiemit einverstanden und erhielt am gleichen Tage noch von Adler den Hinterlegungsschein. Zettel schrieb sodann der Bank, daß Adler ihm seine Lebensversicherung verpfändet und den Hinterlegungsschein übergeben habe. Die Bank teilte dann dem Zettel mit, „sie habe davon Notiz genommen, daß der Hinterlegungsschein bei ihm zum Zwecke der Sicherstellung für laufenden Kredit deponiert" sei.

Am 5. Juli 1900 starb Adler in Felden, Amtsgerichts und Landgerichts gleichen Namens. In seinem notariellen Testamente war Johann Berger und für den Fall, daß dieser nicht Erbe sein wolle, Ignaz Kohler als Erbe eingesetzt. Auf einem nicht datierten Zettel hatte Adler den Wunsch ausgedrückt, daß seiner Base Anna Huber, die seinen Haushalt besorgt und von ihm den Unterhalt bezogen hatte, mehrere Möbelstücke im Werte von 320 ℳ und ein silbernes Kreuz im Werte von 80 ℳ aus dem Nachlaß übergeben werden.

Berger sorgte für die Beerdigung des Adler und berichtigte die Beerdigungskosten, welche 180 ℳ betrugen. Der Anna Huber gab er zur Bestreitung des Unterhalts auf die Dauer von 4 Wochen von dem im Nachlasse vorgefundenen Bargelde zu 290 ℳ den Betrag von 150 ℳ, den Rest von 140 ℳ verwendete er zur teilweisen Bezahlung der Beerdigungskosten. Die hiezu weiter erforderlichen 40 ℳ bezahlte er aus eigenen Mitteln. Aus eigenen Mitteln bezahlte er auch die Kosten in Höhe von 200 ℳ für eine unaufschiebliche Ausbesserung eines zum Nachlasse gehörenden Hauses.

Berger überzeugte sich bald, daß die Kräfte des Nachlasses zweifelhaft seien. Am 3. August 1900 schlug er deshalb in formgerechter Weise die Erbschaft aus. Kohler wurde am 6. August 1900 zu Protokoll des Nachlaßgerichts von der Ausschlagung verständigt und erklärte sofort, er nehme die Erbschaft an und anerkenne die Gültigkeit der die Anordnung des Vermächtnisses an Anna Huber enthaltenden letztwilligen Verfügung. Von der Anerkennung wurde Anna Huber durch das Nachlaßgericht verständigt. Sie nahm die Anerkennung dankend an. Kohler ersetzte sodann aus eigenen Mitteln dem Berger die von diesem für die Beerdigung und die Ausbesserung des Hauses aufgewendeten 240 ℳ. Der Anna Huber übergab er am 8. August 1900 das Kreuz und am 15. Oktober 1900 die Möbelstücke. Anna Huber, die sich nach dem Ablaufe der 4 Wochen nach dem Tode des Adler in ein Spital zurückgezogen hatte, schenkte die Möbelstücke ihrer Nichte Amalie Hauser.

Der Privatier Albert Finger hatte von Adler auf grund eines im Januar 1900 gewährten Darlehens 500 ℳ zu fordern. Auf Antrag des Finger wurde dem Kohler am 27. Dezember 1900 eine Inventarfrist gesetzt. Die Frist ließ Kohler unbenutzt verstreichen

Kohler schuldete dem Anton Degen aus einem im Februar 1900 erhaltenen Darlehen 100 ℳ. Von Adler hatte Degen im Januar 1900 ein Faß Wein bezogen, von dem Kaufpreise schuldete er noch 150 ℳ. Degen erklärte dem Kohler am 20. März 1901 brieflich, er rechne mit seiner Darlehensforderung gegen die Forderung des Adler auf. Zugleich bezahlte er dem Kohler mit Postanweisung den Rest.

Dem Heinrich Eber schuldete Kohler für eine im September 1900 gelieferte Kuh einen Kaufschillingsrest von 50 ℳ. Eber erwirkte gegen Kohler einen Vollstreckungsbefehl und ließ auf grund desselben am 8. September 1901 eine zum Nachlasse gehörende Uhr, die der Gerichtsvollzieher auf 80 ℳ gewertet hatte, pfänden. Die Versteigerung ergab einen Erlös von 30 ℳ, welcher dem Eber vom Gerichtsvollzieher ausgehändigt wurde. Für den Rest ließ er am 20. September abermals pfänden, diesmal einen wertvollen zum Nachlasse gehörenden Bücherschrank. Versteigerungstermin wurde auf 8. Oktober festgesetzt.

Finger, welcher für seine Forderung schon einen vollstreckbaren Titel gegen Adler besaß, hatte sich inzwischen eine gegen Kohler als Erben des Adler vollstreckbare Ausfertigung des Titels erteilen lassen. Er ließ am 18. September 1901 vormittags ein zum Nachlasse gehörendes Pferd pfänden. Am gleichen Tage nachmittags wurde das Pferd für einen anderen Nachlaßgläubiger, den Privatier David Neumann in Felden, zu gunsten einer Darlehensforderung desselben im Betrage von 100 ℳ gepfändet. Die Versteigerung fand am 27. September statt. Der verfügbare Erlös betrug 150 ℳ. Da Neumann verhältnismäßige Verteilung des Erlöses beanspruchte, hinterlegte der Gerichtsvollzieher am 28. September den Erlös bei der Hinterlegungsstelle des Amtsgerichts Felden.

Von Adler hatte Kohler 500 ℳ zu fordern gehabt. Für diese Forderung hatte sich im März 1900 Anton Leist verbürgt, überdies hatte Melchior Apt im April 1900 dem Kohler zur Sicherung für die Forderung eine Diamantbroche im Werte von 200 ℳ als Pfand übergeben. Nachdem Kohler die Erbschaft des Adler angetreten hatte, gab er dem Apt die Broche zurück.

Am 7. Oktober 1901 wurde über den Nachlaß des Adler auf Antrag eines Nachlaßgläubigers vom Amtsgerichte Felden der Konkurs eröffnet.

Am Tage darauf wurde vom Amtsgerichte Felden der Konkurs über das Vermögen des Kohler eröffnet.

Die Versteigerung des Schrankes wurde mit Rücksicht hierauf eingestellt.

Auf grund dieses Thatbestandes sollen folgende Fragen beantwortet werden:

1. Können im Nachlaßkonkurse Zettel, dem aus dem Kontokorrentverhältnisse mit Adler noch eine Forderung von 500 ℳ gegen Adler zusteht, aus der Lebensversicherungssumme und Eber aus dem Schranke abgesonderte Befriedigung beanspruchen? Kann der Verwalter im Nachlaßkonkurse von Eber den Rückersatz des aus der Versteigerung der Uhr erzielten Erlöses verlangen?

2. Muß der Verwalter im Nachlaßkonkurse die von Degen bewirkte Aufrechnung gelten lassen?

3. Kann der Verwalter im Nachlaßkonkurse von Anna Huber oder von Amalie Hauser die Zurückgabe der Möbelstücke oder des Wertes derselben, von Anna Huber die Zurückgabe des Kreuzes oder des Wertes desselben und den Rückersatz der ihr zur Bestreitung des Unterhalts gegebenen 150 ℳ verlangen? Es ist davon auszugehen, daß die Möbelstücke und das Kreuz noch vorhanden sind und sowohl Anna Huber als Amalie Hauser vermögend sind.

4. Kann der Verwalter im Erbenkonkurse verlangen, daß aus der Nachlaßkonkursmasse zur Konkursmasse des Erben die von Kohler dem Berger ersetzten 240 ℳ bezahlt werden, und bejahenden Falles an, welcher Stelle käme dieser Anspruch im Nachlaßkonkurse zur Befriedigung?

5. Kann Finger verlangen, daß ihm die hinterlegten 150 ℳ ausgefolgt werden, oder hat er wenigstens ein Recht auf abgesonderte Befriedigung aus den 150 ℳ? Gegen wen, auf welchem Wege und bei welchem Gerichte muß er vorgehen, um seine Ansprüche nach der einen oder der anderen Richtung geltend zu machen?

6. Kann der Verwalter im Erbenkonkurse sich an den Bürgen Leist oder an die verpfändete Broche halten?

7. Gesetzt: Kohler hat seinem Grundstücke Plan-Nr. 35 der Steuergemeinde Felden am 1. November 1900 das zum Nachlasse gehörende Grundstück Plan-Nr. 34½ derselben Steuergemeinde als Bestandteil zuschreiben lassen. Nach der Zuschreibung ist auf grund eines Versäumnisurteils des Landgerichts Felden für den Privatier Adolf

Lämmle wegen eines dem Adler gewährten Darlehens von 400 ℳ eine Sicherungshypothek auf dem ganzen (vereinigten) Grundstück eingetragen worden. Das Grundbuch ist in der Gemeinde Felden am 1. Juli 1900 für angelegt erklärt worden.

Kann der Verwalter im Nachlaßkonkurse die Zuschreibung des Grundstücks Plan-Nr. $34^1/_2$ rückgängig machen? Muß er die Sicherungshypothek anerkennen? Kann er, wenn die Verbindung nicht aufgehoben wird, von der Konkursmasse des Erben Entschädigung für den Wert des zugeschriebenen Grundstücks fordern?

Die Fragen sind nach dem Reichsrechte zu beantworten. Die Antworten sind zu begründen.

IV. Aufgabe
aus dem bürgerlichen Rechte und dem Civilprozeßrechte.

I.

Moritz Stein schuldete dem Ludwig Huber für geliefertes Holz 4200 ℳ. Er ersuchte nun den mit ihm in Geschäftsverbindung stehenden Kaufmann Arnold Adler um ein Gefälligkeitsaccept. Adler setzte auf ein Wechselblankett seinen Namen und gab das im übrigen leere Blankett dem Stein. Dieser füllte das Blankett entsprechend aus, wobei er sich als Aussteller und Remittenten und den Adler als Bezogenen bezeichnete, im Kontexte ließ er jedoch die Stelle für die Wechselsumme offen, während er rechts oben über dem Kontexte in Ziffern 420 ℳ notierte. Er versah den Wechsel dann mit seinem Blankogiro und ersuchte den Kaufmann Anton Schefer ihm aus Gefälligkeit den Wechsel in blanko zu girieren. Schefer, der nur auf die Zahl 420 achtete, setzte auf den Wechsel sein Blankogiro. Nachher setzte Stein ohne Wissen des Adler und des Schefer auf den Wechsel den Domizilvermerk „zahlbar bei der Vereinsbank München", veränderte die Zahl 420 in 4200 und setzte als Wechselsumme im Kontexte mit Buchstaben den Betrag von 4200 ℳ ein. Diesen Wechsel brachte er hierauf dem Huber. Huber wollte den Wechsel bei dem Kaufmann Gutmann diskontieren lassen. Dieser erklärte sich aber hiezu nur bereit, wenn Huber entweder den Wechsel an ihn indossiere oder doch seinen Namen auf den Wechsel setze. Huber schrieb dann nach dem Giro des Stein und vor die Unterschrift des Schefer die Worte: „Für mich an Herrn Gutmann" und setzte seinen Namen neben den des Schefer, worauf Gutmann den Wechsel diskontierte. Der Wechsel wurde von Gutmann an den Bankier Franz weiter begeben, mit welchem Gutmann in Kontokorrentverkehr steht.

Franz ließ den Wechsel am Verfalltag im Domizil zur Zahlung präsentieren und mangels Zahlung ordnungsgemäß protestieren. Er verständigte Gutmann hievon und dieser schrieb ihm sodann: „Ich werde Ihnen den Betrag von 4200 ℳ sofort senden, ersuche aber, daß Sie Ihre Wechselrechte unverzüglich geltend machen." Am gleichen Tage noch schickte er dem Franz 4200 ℳ. Franz erhob dann sofort gegen Stein, Schefer und Huber Klage im Wechselprozeß auf Bezahlung von 4200 ℳ.

Stein lehnt die Bezahlung ab weil Franz von Gutmann für den Wechsel schon bezahlt worden sei; wenn Franz überhaupt ein Klagerecht habe, habe er es nur aus der Person des Gutmann, da er (Stein) aber gegen diesen eine Forderung in der Höhe von 4800 ℳ habe, rechne er eventuell mit seiner Forderung gegen die Klageforderung auf.

Schefer verlangt aus dem gleichen Grunde Klageabweisung; jedenfalls aber hafte er nur für 420 ℳ.

Huber erklärt, seine Unterschrift auf dem Wechsel sei wechselrechtlich bedeutungslos.

Daß Gutmann dem Stein 4800 ℳ schuldet, ist unbestritten.

Wie ist zu entscheiden?

Angenommen, am Verfalltage hätte Franz den Wechsel nicht bei dem Domiziliaten, sondern bei dem Bezogenen zur Zahlung präsentieren und protestieren lassen: könnte Adler mit Rücksicht hierauf die Bezahlung des Wechsels verweigern?

II.

Der Rentner Peter Clasen verlor am 25. Juli 1901 im Hotel Brünstein in Felden, woselbst er als Gast wohnte, eine Busennadel. Der in dem Hotel bedienstete Kellner Otto Kraus fand die Nadel am 26. Juli. Kraus schätzte den Wert der Nadel auf 100 ℳ und beanspruchte deshalb 5 ℳ Finderlohn. Clasen erklärte, die Nadel sei nur 50 ℳ wert, er sei bereit 2 ℳ 50 ₰ Finderlohn zu bezahlen. Um den Streit baldigst zu schlichten, vereinbarten beide, sogleich auf das Amtsgericht Felden zu gehen und dort den Streit auszutragen. Am Amtsgerichte war eben öffentliche Civilsitzung. Nach Erledigung der angesetzten Termine traten Clasen und Kraus vor. Clasen beantragte, den Kraus auf Herausgabe der Nadel gegen Bezahlung von 2 ℳ 50 ₰ und zur Tragung der Kosten des Rechtsstreits zu verurteilen; Kraus beantragte, ihn zur Herausgabe der Nadel gegen Bezahlung von 5 ℳ zu verurteilen und die Kosten dem Kläger zu überbürden. Zufällig war der Goldschmied Andreas Grob von Felden im Gerichtssaale anwesend. Auf Antrag des Kraus wurde vom Gerichte Beweisbeschluß dahin verkündet, daß Grob über den Wert der Nadel sofort zu vernehmen sei. Grob erklärte sich bereit, sich als Sachverständigen vernehmen zu lassen und gab an, die Nadel sei 500 ℳ wert, der Goldwert betrage 50 ℳ, der Wert des Steines der Nadel sei 450 ℳ, der Stein sei echt, nicht, wie auch der Kläger angenommen hatte, unecht. Auf diese Aussage hin ersuchten Kraus und Clasen die noch anwesenden Rechtsanwälte Goldmann und Silber um Vertretung. Goldmann und Silber nahmen die Vertretung an. Rechtsanwalt Goldmann beantragte sodann für Kraus, daß der Rechtsstreit wegen Unzuständigkeit des Amtsgerichts an das Landgericht verwiesen werde; eventuell bat er, den Finderlohn auf 9 ℳ festzusetzen. Zur Begründung bemerkte er, daß Clasen und Kraus allerdings die Zuständigkeit des

Amtsgerichts vereinbart hätten; allein dies sei unter der irrigen Annahme geschehen, die Nadel sei höchstens 100 ℳ wert; nun sei der Irrtum entdeckt worden, er fechte deshalb jetzt die Vereinbarung wegen Irrtums hiemit an. Rechtsanwalt Silber beantragte, den Beklagten zur bedingungslosen Herausgabe der Nadel zu verurteilen; die Verweisung an das Landgericht sei unzulässig, da die Vereinbarung wegen Irrtums nicht angefochten werden könne; einen Finderlohn aber habe Kraus überhaupt nicht zu beanspruchen, denn dieser sei zur Ablieferung der Nadel an den Gast des Hotels vermöge seines Dienstverhältnisses verpflichtet gewesen. Rechtsanwalt Goldmann erwiderte: der Kläger selbst habe nur Verurteilung gegen Zahlung von 2 ℳ 50 ₰ beantragt; der jetzige Antrag des Klägers enthalte eine unzulässige Klageänderung, der er sich widersetze; der Finderlohn gebühre dem Beklagten denn zwischen diesem und dem Kläger bestehe kein Vertragsverhältnis.

Wie ist zu entscheiden?

Bei der Beantwortung sind sämtliche von den Parteien und den Anwälten vorgebrachten Gesichtspunkte zu würdigen.

Die Fragen sind nach dem Reichsrechte zu beantworten.
Die Antworten sind zu begründen.

V. Aufgabe
aus dem bürgerlichen Rechte und dem Civilprozeßrechte.

I.

Der Bauer Christian Ott in Felden verlangte von dem Müller Gottlieb Hauber in Felden die Bezahlung von 100 ℳ Schmerzensgeld und 175 ℳ Kurkosten, weil Hauber ihn schwer mißhandelt habe. Da Hauber bestritt, den Ott mißhandelt zu haben, erhob Ott Klage zum Amtsgerichte Felden.

Das Amtsgericht erließ am 15. Dezember 1900 ein Zwischenurteil, durch das der Anspruch des Ott dem Grunde nach für gerechtfertigt erklärt wurde. Zugleich ordnete es auf Antrag an, daß über den Betrag zu verhandeln sei. Hauber legte gegen das Zwischenurteil form- und fristgerecht die Berufung zum Landgerichte Felden ein. Termin zur mündlichen Verhandlung über die Berufung war nach wiederholten Vertagungen auf den 18. Mai 1901 anberaumt worden. Inzwischen hatte das Amtsgericht durch Versäumnisurteil vom 22. März den Hauber für schuldig erklärt, an den Ott 275 ℳ zu bezahlen und die Kosten des Rechtsstreits zu tragen. Das Urteil wurde dem Hauber auf Betreiben des Ott am 29. März zugestellt.

Hauber ließ die Einspruchsfrist unbenutzt verstreichen. Im Termine vom 18. Mai beantragte Ott, die Berufung des Hauber gegen das Zwischenurteil vom 15. Dezember mit Rücksicht auf das rechtskräftige Versäumnisurteil vom 22. März als unzulässig oder unbegründet, weil gegenstandslos, zu verwerfen.

1. Ist der Antrag begründet?

Angenommen: Das Urteil vom 22. März war ein Endurteil und Hauber hat gegen dasselbe Berufung nicht eingelegt. Der Gerichtsschreiber des Amtsgerichts Felden erteilte deshalb dem Ott eine vollstreckbare Ausfertigung dieses Urteils. Ott ließ hierauf auf grund dieses Urteils am 6. Mai bei Hauber eine Kuh und ein Kalb pfänden. Die Versteigerung fand am 14. Mai statt. Die Kuh wurde von Ott selbst um 180 ℳ eingesteigert. Das Kalb wurde vom Metzger Schwörer in Felden um 60 ℳ eingesteigert. Schwörer bezahlte den Preis an den Gerichtsvollzieher. Dieser lieferte den nach Abzug der Kosten verbleibenden Rest an Ott ab. Tags darauf ließ der Handelsmann Adler auf grund vollstreckbaren Urteils des Landgerichts Felden, durch das Ott verurteilt war, dem Adler 600 ℳ zu bezahlen, die von Ott eingesteigerte Kuh pfänden. Versteigerungstermin wurde auf 24. Mai anberaumt.

2. Durfte auf grund des rechtskräftigen Urteils vom 22. März vollstreckt werden?

3. Wenn nicht, welche Wege standen dem Hauber offen, um die Vollstreckung abzuwenden, und welche, um die Vollstreckungsmaßregeln zu beseitigen?

4. Kann Hauber von Schwörer die Herausgabe des Kalbes und von Ott die Herausgabe der Kuh verlangen?

5. Muß er sich die von Adler bewirkte Pfändung der Kuh gefallen lassen?

II.

Der Kaufmann Johann Weller in Felden machte im Herbste 1900 einen Ausflug nach Tirol. Nachdem er das mitgenommene Bargeld verbraucht hatte, ersuchte er den Gastwirt Franz Pointner in Brixen, einen österreichischen Staatsangehörigen, um ein Darlehen im Betrage von 200 ℳ; er spiegelte ihm vor, daß er in den nächsten Tagen einen größeren Geldbetrag von seinem Bruder Andreas Weller in Felden erhalten und dann sofort in Brixen das Empfangene zurückerstatten werde. Franz Pointner gab ihm 200 ℳ als Darlehen.

Als die in Aussicht gestellte Geldsendung ausblieb, erhob Franz Pointner im Oktober 1900 bei dem zuständigen österreichischen Gerichte Klage gegen Johann Weller auf Zurückerstattung der 200 ℳ. Die Klage wurde diesem in Brixen in Person zugestellt. Johann Weller beauftragte einen Advokaten in Brixen mit seiner Vertretung und ließ durch diesen geltend machen, daß er von Franz Pointner 500 ℳ aus Kommissionsgeschäften zu fordern habe. In Wahrheit stand ihm dieser Anspruch nicht zu, wie er wohl wußte. Der Rechtsstreit vor dem österreichischen Gericht ist noch nicht erledigt.

Im Januar 1901 erfuhr Franz Pointner, daß Johann Weller in ungünstigen Vermögensverhältnissen sich befinde und damit umgehe, seine Habe zu veräußern und sich zu flüchten, daß er auch schon mit dem Verkaufe seiner Habe begonnen habe. Er erwirkte deshalb am 23. Januar 1901 bei dem Amtsgerichte Felden gegen Johann Weller einen

Arrestbefehl zu gunsten seiner Darlehensforderung zu 200 ℳ und ließ am 24. Januar 1901 auf grund desselben mehrere dem Johann Weller gehörige Hauseinrichtungsgegenstände im Werte von 80 ℳ durch den Gerichtsvollzieher pfänden. Johann Weller erhob am 4. Februar 1901 Widerspruch gegen den Arrest. Daraufhin stellte Franz Pointner am 11. Februar 1901 gegen Johann Weller Klage zum Amtsgerichte Felden auf Zurückerstattung der geliehenen 200 ℳ. Die Vorschriften der Civilprozeßordnung über Erhebung des Widerspruchs und der Klage wurden beachtet. In dem zur Verhandlung über den Widerspruch und über die Klage bestimmten Termine vom 23. Februar 1901 erschien nur der Kläger Franz Pointner. Auf seinen Antrag verkündete das Amtsgericht Felden vorläufig vollstreckbares Versäumnisurteil gegen Johann Weller auf Zahlung der 200 ℳ und auf Tragung der Kosten des Rechtsstreits; bezüglich des Widerspruchs wurde ein Antrag nicht gestellt. Franz Pointner ließ das Versäumnisurteil dem Johann Weller am 1. März 1901 zustellen. Am 4. März 1901 starb Johann Weller.

Johann Weller wurde von seinem Bruder Andreas Weller in Felden, einem wohlhabenden Manne beerbt, der bereit und imstande ist, alle Gläubiger seines Bruders zu befriedigen. Franz Pointner ließ sich am 17. Juni 1901 eine vollstreckbare Ausfertigung des am 23. Februar 1901 ergangenen Versäumnisurteils gegen Andreas Weller erteilen und, nachdem er der Vorschrift des § 750 Absatz 2 der Civilprozeßordnung genügt hatte, noch an demselben Tage einen dem Andreas Weller gehörigen Schrank im Werte von 250 ℳ pfänden. Diese Vollstreckungsmaßregel wurde gegen Sicherheitsleistung aufgehoben.

1. Konnte Johann Weller gegen die Klage vom 11. Februar 1901 die Einrede der mangelnden Sicherheit für die Prozeßkosten oder die Einrede der Rechtshängigkeit vorbringen?

Welche Entscheidung wäre diesen Falls zu erlassen gewesen:

a) wenn beide Einreden begründet sind,
b) wenn nur die Einrede der mangelnden Sicherheit für die Prozeßkosten,
c) wenn nur die Einrede der Rechtshängigkeit für begründet erachtet wird?

Kann Andreas Weller die Aufhebung des Versäumnisurteils vom 23. Februar 1901 erreichen? Wenn ja, auf welchem Wege?

2. Kann Andreas Weller den Widerspruch gegen den Arrestbefehl noch weiter verfolgen? Wenn dies der Fall ist, auf welche Gründe kann er mit Aussicht auf Erfolg den Widerspruch stützen und wie hat die Entscheidung in der Hauptsache und im Kostenpunkte zu lauten?

Die Fragen sind nach dem Reichsrechte zu beantworten Die Antworten sind zu begründen.

I. Aufgabe

aus dem Strafrecht und dem Strafprozeßrechte.

Vorbemerkungen.

Unter den Gerichten, die in der Aufgabe bezeichnet sind, sind bayerische Gerichte zu verstehen. Unter den Personen, die nach der folgenden Sachverhaltsdarstellung als Verletzte, Beschuldigte, Zeugen u. s. w. erscheinen, sind volljährige Personen zu verstehen, wenn das Gegenteil nicht ausdrücklich angegeben ist. Als der Wohnsitz der in der Aufgabe bezeichneten Personen und als der Ort, in dem sich die in der Aufgabe dargestellten Vorgänge ereigneten, ist die bayerische Stadt Oberkirchen anzunehmen. Diese ist der Sitz eines Amtsgerichts und eines Bezirksamts. Das Amtsgericht Oberkirchen gehört zum Bezirke des Landgerichts Friedrichstadt. Bei diesem Gericht ist nur eine Strafkammer gebildet.

I.

Das Schöffengericht bei dem Amtsgericht Oberkirchen verurteilte am 24. September 1900 den Viehhändler Johann Müller wegen eines zum Schaden des Krämers Treu begangenen Vergehens des Betrugs zu einer Gefängnisstrafe von drei Wochen. Der Amtsanwalt focht das Urteil nicht an; Müller legte rechtzeitig die Berufung ein, weil ihn die Höhe der Strafe beschwere, und beantragte, daß zur Verhandlung über die Berufung der Krämer Treu als Zeuge darüber,

„daß ihm der von Müller verursachte Vermögensschaden ersetzt worden sei",

geladen werde. Der Vorsitzende der Strafkammer des Berufungsgerichts ordnete die Ladung des Treu an. Dieser verfiel in eine langwierige Krankheit. Der Termin zur Verhandlung über die Berufung des Müller konnte erst auf den 30. April 1901 anberaumt werden.

II

Das Amtsgericht Oberkirchen eröffnete durch den Beschluß vom 7. Januar 1901 das Hauptverfahren vor dem Schöffengerichte gegen denselben Viehhändler Johann Müller, weil er verdächtig erschien:

„eine fremde bewegliche Sache einem Anderen in der Absicht, dieselbe sich rechtswidrig zuzueignen, weggenommen zu haben — § 242 d. StGB. —, da er am Vormittage des 16. November 1900 aus einem Schrank im Hause der Gütlerswitwe Hauser — ohne erschwerende Umstände — einen dem Gütler Xaver Huber gehörenden zwanzig Mark werten goldenen Ring, heimlich an sich nahm, um ihn zu verkaufen."

Auf grund dieses Eröffnungsbeschlusses fand am 21. Januar 1901 gegen Müller die Hauptverhandlung statt. Der Vorsitzende des Schöffengerichts war der Ober-Amtsrichter Grolmann. Müller leugnete die Wegnahme des

Ringes. Das Schöffengericht erachtete nach dem Ergebnisse der Verhandlung, das vom Ergebnisse des Vorverfahrens teilweise abwich, die folgenden Thatsachen für erwiesen:

„Der Gütler Xaver Huber mußte am 24. Oktober 1900 eine längere Freiheitsstrafe antreten. Er gab am 18. Oktober dem Johann Müller einen goldenen zwanzig Mark werten Ring zur Aufbewahrung. Müller gab am 19. Oktober den Ring der Gütlerswitwe Hauser und bat sie, weil er in Geschäften oft verreise, den Ring für Huber aufzubewahren; die Hauser legte den Ring in den unversperrbaren Schrank ihres Wohnzimmers. Müller benachrichtigte am 20. Oktober den Huber davon, daß der Ring in der Wohnung der Hauser aufbewahrt wird; Huber war damit einverstanden, da Müller die Haftung für die sichere Aufbewahrung übernahm. Müller, der Nachbar der Hauser ist, gewahrte am Vormittage des 16. November 1900, daß die Hauser ihr Wohnhaus verließ, die in das Haus führende Thüre absperrte, den Schlüssel zu sich steckte und den Weg zur nahen Kreishauptstadt einschlug. Er beschloß, da er in Geldverlegenheit war, sich den Ring des Huber zu verschaffen und ihn zu verkaufen. Müller öffnete mit seinem Hausschlüssel die Thüre in das Anwesen der Hauser, fand das Wohnzimmer unversperrt, nahm aus dem dort stehenden Schranke den Ring des Huber und verkaufte ihn noch im Laufe des 16. November an den Goldarbeiter Sigmund."

Das Schöffengericht fand in diesen Thatsachen nicht die gesetzlichen Merkmale eines von Müller zum Nachteile des Huber begangenen Diebstahls, sondern die Merkmale eines von Müller zum Nachteile des Huber begangenen Vergehens der Unterschlagung einer anvertrauten Sache. Der Vorsitzende des Gerichts verkündete am Schlusse der Verhandlung in Anwesenheit des Müller das Urteil, dessen Gründe er eröffnete und dessen Formel lautete:

„I. Johann Müller wird von der Anklage eines Vergehens des Diebstahls freigesprochen. Die durch diese Anklage entstandenen Kosten werden der Staatskasse auferlegt.

II. Johann Müller ist schuldig eines Vergehens der Unterschlagung und wird deshalb zu einer Gefängnisstrafe von vierzehn Tagen verurteilt; er hat die durch die Anklage wegen Unterschlagung entstandenen Kosten und die Kosten der Strafvollstreckung zu tragen."

Der Amtsanwalt focht das Urteil nicht an; Müller legte rechtzeitig die Berufung ein, weil er nicht auch von der Anklage eines Vergehens der Unterschlagung freigesprochen wurde. Der Vorsitzende der Strafkammer des Berufungsgerichts beraumte den Termin zur Verhandlung über die Berufung auf den 30. April 1901 an.

III.

Müller begab sich unverzüglich nach der Verkündung des Urteils des Schöffengerichts in das Gasthaus zum Lamm; in diesem zechte er mehrere Stunden lang mit einigen Kameraden. Als diese die Rede auf die Verurteilung des Müller wegen Unterschlagung brachten, sagte er mit lauter Stimme:

„Der Ober-Amtsrichter, der mich verurteilte, ist ein schlechter parteiischer Richter."

Der in der Gaststube anwesende Gerichtsschreibergehilfe Fleißig verwies dem Müller seine Worte. Müller ergriff das vor ihm liegende Tischmesser, eilte auf Fleißig zu und versetzte ihm mit dem Messer mehrere Stich- und Schnittwunden, insbesondere am Zeige- und Mittelfinger der rechten Hand.

Die Gendarmerie erstattete über diese Vorgänge die Anzeige an den Staatsanwalt bei dem Landgerichte Friedrichstadt. In der Anzeige war neben anderen Personen der Amtsrichter Dr. Klug bei dem Amtsgericht Oberkirchen als Zeuge benannt. Der Staatsanwalt übersandte die Anzeige an das Amtsgericht Oberkirchen und beantragte die Vornahme der Vernehmung des Müller als Beschuldigten und der in der Anzeige benannten Zeugen. Der Ober-Amtsrichter Grolmann nahm am 31. Januar 1901 die beantragten Untersuchungshandlungen vor und über die Vornahme unter Zuziehung des Gerichtsschreibers Hofmann Protokolle auf. Aus dem über die Vernehmung des Müller aufgenommenen Protokoll ist zu entnehmen, daß er erklärte:

„I. Ich gestehe, am 21. Januar 1901 den Ober-Amtsrichter Grolmann einen schlechten, parteiischen Richter genannt zu haben; ich handelte in der Erregung und bitte den Beleidigten um Verzeihung.

II. Ich kann nicht leugnen, am gleichen Tage den Gerichtsschreibergehilfen Fleißig durch Messerstiche verletzt zu haben.

III. Ich will jetzt auch gestehen, den Ring des Huber mir rechtswidrig zugeeignet zu haben.

IV. Ich nehme die gegen das Urteil des Schöffengerichts vom 24. September 1900 eingelegte Berufung zurück."

Aus dem über die Vernehmung des Amtsrichters Dr. Klug aufgenommenen Protokoll ist zu entnehmen, daß er angab:

„Ich war am 21. Januar d. Js. dienstlich von Oberkirchen abwesend, konnte daher nicht Zeuge der in der Gendarmerieanzeige geschilderten Vorgänge sein. Vermutlich sollte mein Bruder, der Assessor des Bezirksamts Oberkirchen ist, als Zeuge benannt werden."

Der Ober-Amtsrichter legte die am 31. Januar 1901 aufgenommenen Protokolle dem Staatsanwalte mit dem Beifügen vor:

„er stelle grundsätzlich einen Antrag auf Verfolgung der Personen nicht, die ihn mit Beziehung auf seinen Beruf beleidigen, und habe sich daher für befugt erachtet, die beantragten Untersuchungshandlungen vorzunehmen."

Der Präsident des Landgerichts Friedrichstadt stellte am 3. Februar 1901 als der amtlich Vorgesetzte des Ober-Amtsrichter Grolmann den Antrag auf Verfolgung des Müller wegen Beleidigung dieses Richters. Am 9. Februar 1901 berichtete der Gerichtsschreibergehilfe Fleißig dem Staatsanwalte, daß ihm infolge der am 21. Januar von Müller beigebrachten Verletzungen der Zeige- und Mittelfinger der rechten Hand abgenommen wurden. Der Staatsanwalt erhob am 16. Februar 1901 gegen Müller die öffentliche Klage durch einen Antrag auf gerichtliche Voruntersuchung wegen Beleidigung und Körperverletzung. Der seit dem 15. Februar 1901 zum Rate bei dem Landgerichte Friedrichstadt beförderte Amtsrichter Dr. Klug, der seit dem 16. Februar als Untersuchungsrichter bestellt war, eröffnete und führte die Voruntersuchung.

Im Laufe der Voruntersuchung gab der Landgerichtsarzt Dr. Gschaider das Gutachten ab, daß dem Fleißig die beiden Finger der rechten Hand infolge der Verletzungen abgenommen werden mußten, die er am 21. Januar erlitt, und daß vom ärztlichen Gesichtspunkt aus in dem Verluste zweier Finger der rechten Hand der Verlust wichtiger Glieder des Körpers zu finden sei. Nach dem Schlusse der Voruntersuchung beantragte der Staatsanwalt die Eröffnung des Hauptverfahrens gegen Müller wegen eines Vergehens der Beleidigung und eines Verbrechens der Körperverletzung nach § 224 des Strafgesetzbuchs. Die Strafkammer eröffnete durch den Beschluß vom 20. März 1901 gegen Müller das Hauptverfahren wegen Beleidigung und wegen eines Vergehens der Körperverletzung nach § 223 a des Strafgesetzbuchs; sie lehnte die Eröffnung des Hauptverfahrens wegen eines Verbrechens nach § 224 des Strafgesetzbuchs ab, weil im Verluste zweier Finger der Verlust wichtiger Glieder des Körpers nicht zu finden sei. Der Staatsanwalt, an den noch am 20. März die Zustellung des Eröffnungsbeschlusses durch Vorlegung der Urschrift erfolgte, gab zu den Akten die Erklärung ab, er verzichte auf die Einlegung der Beschwerde gegen den Beschluß. Auf grund des Eröffnungsbeschlusses vom 20. März wurde der Termin zur Hauptverhandlung auf den 30. April 1901 anberaumt. Der Staatsanwalt beantragte in diesem Termin:

„es wolle die Strafsache gegen Müller wegen Beleidigung und Körperverletzung zum Zwecke der gleichzeitigen Verhandlung und Entscheidung verbunden werden mit den Strafsachen, die durch die Einlegung der Berufung Müller's gegen die Urteile des Schöffengerichts vom 24. September 1900 und 21. Januar 1901 bei der Strafkammer anhängig wurden."

Der Angeklagte stimmte dem Antrage zu. Das Gericht sprach durch Beschluß die Verbindung der bezeichneten Strafsachen aus. Nachdem der Eröffnungsbeschluß vom 20. März 1901 verlesen und aus Anlaß der Berufungen des Müller der nach § 365 der Strafprozeßordnung vorgeschriebene Bericht erstattet war, fand die Vernehmung des Angeklagten und die Beweisaufnahme statt. Aus diesem Abschnitte der Verhandlung werden die nachstehenden Vorgänge hervorgehoben:

1.

Der auf die Anordnung des Vorsitzenden ordnungsmäßig als Zeuge geladene Krämer Treu war nicht erschienen; er hatte am 29. April an den Vorsitzenden ein Schreiben gesendet, worin er sein Ausbleiben entschuldigte,

„weil er die Mittel zu einer Reise nach Friedrichstadt nicht habe, übrigens auch nichts zu einer solchen Reise aufwenden möchte, da er durch Müller schon genug an seinem Vermögen beschädigt und von Müller noch mit keinem Pfennig entschädigt wurde."

Müller beharrte auf der Behauptung, den Treu entschädigt zu haben; er beantragte die Aussetzung der Verhandlung und die Anordnung der zwangsweisen Vorführung des Treu. Der Vorsitzende des Gerichts verlas das Schreiben des Treu und verkündete als den Beschluß des Gerichts die Ablehnung des Antrags des Müller:

„weil dessen Vorbringen durch das Schreiben des Treu widerlegt, bei seinen mißlichen Vermögensverhältnissen unglaubwürdig, überdies die gegen ihn wegen Betrugs ausgesprochene Strafe selbst in dem Falle nicht für zu hoch zu erachten sei, daß er den Treu entschädigt haben sollte."

2.

Müller leugnete, sich den Ring des Gütlers Xaver Huber zugeeignet zu haben. Dieser behauptete, als Zeuge beeidigt und vernommen, Müller habe ihm gestern die Wegnahme des Ringes gestanden; er fügte bei:

„ich gab am 15. August 1900 meine silberne Uhr im Werte von dreißig Mark dem Müller, damit er sie dem Uhrmacher Leitner zur Ausbesserung bringe. Müller verkaufte am selben Tage die Uhr an Leitner um fünfzehn Mark und verjubelte den Erlös."

Der Staatsanwalt beantragte, daß die dem Müller nach der Angabe Huber's zur Last liegende Unterschlagung einer anvertrauten Sache noch in der Hauptverhandlung zum Gegenstande der Aburteilung gemacht werde. Müller stimmte dem Antrage zu. Er behauptete, Huber habe die Uhr ihm geschenkt. Huber stellte — unter Berufung auf den geleisteten Eid — die Behauptung in Abrede. Müller beantragte, daß sein im Sitzungssaal anwesender Bruder Max als Zeuge über die Schenkung vernommen werde. Das Gericht lehnte durch Beschluß den Antrag ab,

„weil Max Müller während der bisherigen Dauer der Verhandlung im Sitzungssaale war, aus dem Gange der Verhandlung entnehmen konnte, wie er seine Aussage zu gunsten seines Bruders einzurichten habe, und weil gegenüber der beeidigten Angabe des Huber eine Angabe des Max Müller, der unbeeidigt zu vernehmen wäre, nicht in Betracht gezogen werden dürfe."

Huber beteuerte nach der Verkündigung des Beschlusses, die Wahrheit gesagt zu haben, und nannte den Angeklagten einen Lügner. Der Angeklagte ergriff das auf dem Verteidigertische stehende schwere eiserne Tintenfaß und warf es dem Huber an den Kopf; Huber erlitt eine starke Quetschwunde

Der Staatsanwalt beantragte, daß die von Müller an Huber begangene Körperverletzung noch in der Hauptverhandlung zum Gegenstand der Aburteilung gemacht werde. Müller stimmte dem Antrag unter der Bedingung zu, daß der Vorsitzende des Gerichts feststelle:

„alle Gerichtsmitglieder hörten, daß Huber den Angeklagten einen Lügner nannte, und sahen, daß der Angeklagte durch die ihm zugefügte Beleidigung zur That hingerissen wurde."

Der Vorsitzende hielt bei den richterlichen Mitgliedern des Gerichtshofs Umfrage und stellte dann die bezeichneten Thatsachen fest.

Müller behauptete, sich der Vorgänge, die sich am 21. Januar 1901 im Gasthause zum Lamm ereigneten, nicht mehr zu erinnern, weil er sinnlos betrunken gewesen sei. Der Vorsitzende bezeichnete die Behauptung als neu und unglaubwürdig. Auf Antrag des Staatsanwalts ordnete der Vorsitzende die unverzügliche Vernehmung des Untersuchungsrichters, Landgerichtsrats Dr. Klug darüber an, daß Müller in der Voruntersuchung nicht behauptete, sinnlos betrunken gewesen zu sein. Dr. Klug, als Zeuge beeidigt, gab an:

„der Inhalt der Angaben Müller's in der Voruntersuchung ist mir nicht mehr erinnerlich; meines Wissens berief sich Müller, den ich am 21. Februar 1901 als Beschuldigten vernahm, auf das richterliche Protokoll vom 31. Januar 1901."

Zur Unterstützung des Gedächtnisses des Zeugen verlas der Vorsitzende das richterliche Protokoll vom 21. Februar 1901 und da Müller in diesem Protokoll auf das vom 31. Januar 1901 Bezug nahm, auch dieses Protokoll.

Müller beantragte hierauf, daß über seine Behauptung der als Zeuge geladene Bauer Vitus Linner vernommen wird Als Linner, der beim Aufrufe der Sache erschienen gewesen war, vernommen werden sollte, meldete der Gerichtsbote, Linner habe das Zeugenzimmer unter dem Vorbringen verlassen, er fühle sich unwohl und beabsichtige, in einer Apotheke eine Arznei einzunehmen. Müller bat um eine kurze Unterbrechung der Verhandlung bis zur Rückkehr des Zeugen. Das Gericht lehnte den Antrag ab,

> „weil die Vorschrift des § 244 der Strafprozeßordnung nur bezüglich derjenigen Zeugen gelte, die in dem Augenblicke zur Verfügung des Gerichts stehen, in dem sie nach dem Gange der Verhandlung zu vernehmen sind."

4.

Der als Zeuge geladene und erschienene Bauerssohn Michael Haselreiter machte nach seiner körperlichen Erscheinung den Eindruck eines volljährigen Menschen. Von dem Vorsitzenden über sein Alter befragt, gab Haselreiter an, er wisse sein Alter nicht genau. Müller gab auf die Frage des Vorsitzenden, ob er das Alter des Zeugen nicht wisse, an, er glaube, daß Haselreiter mindestens achtzehn Jahre alt sei. Der Vorsitzende beeidigte den Haselreiter; dieser wurde in dem über die Hauptverhandlung aufgenommenen Protokoll als „etwa achtzehn Jahre alt" bezeichnet. Bei diesem Verfahren entging dem Vorsitzenden, daß auf Ersuchen des Untersuchungsrichters zu den Akten eine Urkunde des Standesamts gelangt war, aus der er hätte entnehmen können, daß Haselreiter am 5. Mai 1885 geboren wurde. Haselreiter gab, als Zeuge vernommen, an:

1. er habe gehört, daß Müller damals die Worte „schlechter und parteiischer Richter" gebraucht habe, wisse aber nicht, wen Müller damit meinte,

2. er habe gesehen, daß Müller damals auf den Gerichtsschreibergehilfen Fleißig losstürzte, aber nicht gesehen, daß er mit einem Messer auf ihn einschlug.

5.

Der als Sachverständiger vernommene Landgerichtsarzt Dr. Gschaider berief sich vor der Vernehmung auf den als Sachverständiger früher geleisteten Eid; er hielt das in der Voruntersuchung erstattete Gutachten aufrecht. Nach der Erstattung des Gutachtens erklärte Müller:

„Ich erhalte soeben einen Zettel zugesteckt, aus dem ich entnehme, daß der Landgerichtsarzt der Vormund des Gerichtsschreibergehilfen Fleißig gewesen ist; ich lehne daher den Arzt wegen Besorgnis der Befangenheit ab und beantrage die Vernehmung eines anderen Sachverständigen."

Der amtliche Arzt gab auf Befragen des Vorsitzenden die Richtigkeit der von Müller behaupteten Thatsache zu. Das Gericht wies durch Beschluß:

„das Ablehnungsgesuch des Müller als verspätet, daher den Antrag auf Vernehmung eines anderen Sachverständigen als gegenstandslos"

zurück.

6.

Kurz vor dem Schlusse der Beweisaufnahme wurde dem Vorsitzenden des Gerichts von der Poststelle in Friedrichstadt ein Telegramm zugestellt; es lautete:

„Soeben erhielt ich für Rechnung des Johann Müller dreißig Mark bezahlt. Bin nun entschädigt und ziehe die Anzeige zurück. Krämer Treu."

Der Vorsitzende gab das Telegramm durch Verlesen bekannt; er rechtfertigte sein Verfahren durch den Hinweis darauf, daß das Telegramm das Zeugnis einer öffentlichen Behörde darüber sei, daß der Absender ihr gegenüber eine Erklärung abgegeben habe.

7.

Nach dem Schlusse der Beweisaufnahme erhielten der Staatsanwalt und der Angeklagte das Wort zu ihren

Ausführungen und Anträgen. Das Gericht erließ hierauf den folgenden Beschluß:

„Die Strafsachen gegen Müller wegen Betrugs und Unterschlagung werden von den Strafsachen gegen Müller wegen Beleidigung und Körperverletzung getrennt"

und setzte die Verkündung der Entscheidungen bis zum 6. Mai 1901 aus.

IV.

Die Formel des am 6. Mai 1901 in den Strafsachen wegen Betrugs und Unterschlagung verkündeten Urteils lautete (abgesehen von der Entscheidung im Kostenpunkte):

I. Müller wird — unter Aufhebung des Strafausspruchs des Urteils des Schöffengerichts vom 24. September 1900 wegen eines Vergehens des Betrugs zu einer Gefängnisstrafe von einem Tage verurteilt.

II. Die Strafverfolgung des Müller wegen des am 16. November 1900 zum Nachteile des Gütlers Xaver Huber begangenen Vergehens der Unterschlagung wird für unzulässig erklärt, daher dieses Strafverfahren eingestellt.

III. Müller ist schuldig eines Vergehens der Unterschlagung, begangen am 15. August 1900 zum Nachteile des Gütlers Xaver Huber und wird deshalb zu einer Gefängnisstrafe von vierzehn Tagen verurteilt.

Aus den Gründen des Urteils ist folgendes hervorzuheben:

I. Das Gericht hielt nach dem verlesenen Telegramme des Krämers Treu für erwiesen daß dieser von Müller vollen Ersatz des ihm durch den Betrug verursachten Schadens empfangen habe, erachtete daher mildernde Umstände für vorhanden und eine Gefängnisstrafe von einem Tag als dem Verschulden Müller's angemessen.

II. Da gegen die Nr. I der Urteilsformel des Schöffengerichts vom 21. Januar 1901 die Berufung nicht eingelegt wurde, nahm das Gericht an, daß über die von Müller am 16. November 1900 begangene Handlung schon rechtskräftig entschieden sei, und hielt daher nach dem Grundsatze ne bis in idem die Prüfung der Frage, ob dem Müller nicht eine rechtswidrige Zueignung nach § 246 des Strafgesetzbuchs zur Last zu legen sei, für nicht mehr zulässig.

III. Das Gericht erachtete nach dem Ergebnisse der Verhandlung für erwiesen, daß Müller am 15. August 1900 die ihm von Huber anvertraute Uhr sich rechtswidrig zugeeignet habe; es hielt den Einwand des Müller, die Uhr sei ihm von Huber geschenkt worden, aus den Gründen für unglaubwürdig, aus denen Müller's Antrag auf Vernehmung seines Bruders abgelehnt wurde.

V.

Die Formel des in den Strafsachen gegen Müller wegen Beleidigung und Körperverletzung am 6. Mai 1901 verkündeten Urteils lautete (abgesehen von der Entscheidung nach § 200 des Strafgesetzbuchs und der Entscheidung im Kostenpunkte):

„Johann Müller ist schuldig eines Vergehens der Beleidigung und zweier Vergehen der Körperverletzung und wird deshalb zu einer Gefängnisstrafe von zehn Monaten verurteilt."

Aus den Gründen des Urteils ist folgendes hervorzuheben:

1. Das Gericht erachtete auf grund der Aussagen der Zeugen Haselreiter und Dr. Klug und der diese Aussagen ergänzenden Protokolle vom 31. Januar und 21. Februar 1901 für erwiesen, daß Müller am 21. Januar 1901 im Gasthause zum Lamm den Ober-Amtsrichter Grolmann einen schlechten, parteiischen Richter nannte und den Gerichtsschreibergehilfen Fleißig vorsätzlich und rechtswidrig mittels eines Messers körperlich verletzte.

2. Das Gericht erachtete auf grund des Gutachtens des Landgerichtsarztes Dr. Gschaider für thatsächlich erwiesen, daß Fleißig infolge der durch Müller erlittenen Verletzungen den Zeige- und Mittelfinger der rechten Hand verlor; es „stellte als thatsächlich und rechtlich erwiesen fest, daß Fleißig wichtige Glieder des Körpers verloren habe." Die Anwendung des § 224 des Strafgesetzbuchs wurde vom Gerichte deshalb als unzulässig erachtet, weil durch einen rechtskräftigen Beschluß die Eröffnung des Hauptverfahrens gegen Müller wegen eines Verbrechens nach § 224 des Strafgesetzbuchs abgelehnt war, neue Thatsachen und Beweismittel aber seit der Erlassung des Beschlusses vom 20. März 1901 nicht mehr hervortraten.
3. Das Gericht stellte fest, daß Gründe, welche die Strafbarkeit Müller's bezüglich der am 21. Januar 1901 im Gasthause zum Lamm begangenen Handlungen ausschließen, nicht vorhanden sind, weil der von Müller versuchte Beweis der Behauptung sinnloser Trunkenheit nach dem Ergebnisse der Beweisaufnahme für mißglückt zu erachten sei.

VI.

Müller legte gegen die am 6. Mai 1901 verkündeten Urteile rechtzeitig die Revision ein; er beantragte die Aufhebung der Urteile wegen Verletzung von Rechtsnormen über das Verfahren und wegen Verletzung anderer Rechtsnormen.

---

1. Welche Rechtsnormen über das Verfahren wurden im Strafverfahren gegen Müller durch Nichtanwendung oder irrige Anwendung verletzt?
2. Welche der Normverletzungen sind geeignet, die Aufhebung der angefochtenen Entscheidungen herbeizuführen?
3. Wie hat die auf die Revision ergehende Entscheidung zu lauten?

Bei der Beantwortung ist, soweit möglich, die Reihenfolge der Nummern der Aufgabe einzuhalten. Die Antworten sind zu begründen.

II. Aufgabe
aus dem Strafrecht und dem Strafprozeßrechte.

In der bayerischen Stadt Kirchheim besteht der mit Rechtsfähigkeit ausgestattete „Sterbekassaverein Memento"; sein Zweck ist die Gewährung eines Sterbegeldes an die Hinterbliebenen der Mitglieder. Der Vorstand des Vereins besteht aus drei Mitgliedern; er wird jeweils auf drei Jahre gewählt. Vom Vorstand ist ein Mitglied des Vereins als Kassier aufgestellt. Der Kassier bezieht vom Verein einen Gehalt. Dem Kassier ist die Besorgung der Schreib- und Kassengeschäfte übertragen; er hat die Beiträge der Mitglieder einzuheben und die eingehobenen Beträge zu verbuchen. Für die Fälle der Verhinderung des Kassiers ist als sein Stellvertreter ein Mitglied des Vorstands bestimmt.

Jedes Mitglied des Vereins muß einen Jahresbeitrag von vierundzwanzig Mark leisten. Dieser Beitrag ist in zwei gleichen Teilbeträgen am 1. Januar und 1. Juli jeden Jahres zu entrichten. Bleibt ein Mitglied mit der Entrichtung eines Teilbetrags länger als fünf Monate im Verzuge, so ist es nach § 15 der Satzungen aus dem Verein ausgeschlossen; durch den Ausschluß erlöschen alle Ansprüche des Mitglieds an den Verein. Zur Beurkundung der Entrichtung der Vereinsbeiträge sind Quittungsbücher eingeführt. Der Kassier hat im Quittungsbuche dem Mitgliede den Empfang eines entrichteten Teilbetrags unter Beifügung der Zeit der Entrichtung und unter Beisetzung seiner Unterschrift zu bestätigen. Zur Erleichterung des Geschäftsverkehrs ist in jedem Quittungsbuch ein Vordruck nach dem beigefügten Muster:

Halbjahr 19 . . .	Entrichteter Teilbetrag	Zeit der Entrichtung des Teilbetrags.	Unterschrift des Kassiers oder seines Stellvertreters.	Bemerkungen.
I	II	III	IV	V

Der Kassier hat im Falle der Entrichtung eines Teilbetrags die einschlägigen Spalten des Vordrucks im Quittungsbuch entsprechend auszufüllen und das Buch nach der Ausfüllung der Spalten dem Mitgliede zurückzugeben; für jedes Buch hat das Vereinsmitglied an die Vereinskasse zwanzig Pfennig zu zahlen. Für das Jahr 1900 und die beiden folgenden Jahre waren als Mitglieder des Vorstands der Kaufmann Frisch, der Schreiner Stöger und der Tapezierer Bader gewählt. Die Stelle eines Kassiers nahm seit Jahren das Vereinsmitglied Kurz ein; als der Stellvertreter des Kassiers war das Vorstandsmitglied Stöger bestimmt.

I.

Ein Feuer, das am 2. Juni 1900 ausbrach, zerstörte die für das Jahr 1900 geführten Kassabücher des Vereins. Damit festgestellt werden konnte, welche Mitglieder mit der Entrichtung des am 1. Januar 1900 fällig gewesenen Teilbetrags im Verzuge waren oder nicht und damit auf grund dieser Feststellung neue Kassabücher angelegt werden konnten, forderte der Vorstand zufolge des Beschlusses der Mitgliederversammlung des Vereins vom 16. Juni 1900 alle Mitglieder brieflich auf, die Quittungsbücher spätestens bis zum 1. August 1900 dem Vorstandsmitgliede Bader vorzulegen.

Die Vereinsmitglieder Arnold, Braun, Dennerlein, Eberhard und Frommel waren mit der Entrichtung des am 1. Januar 1900 fällig gewesenen Teilbetrags — ganz oder teilweise — im Verzuge. Jeder von ihnen beschloß, sich an den ihm befreundeten Kassier Kurz zu werden, um durch seine Mitwirkung mittels Fälschung der Einträge in das

Quittungsbuch die Nachteile abzuwenden, die nach § 15 der Satzungen mit dem Verzuge bei der Entrichtung der Vereinsbeiträge verknüpft sind. Jeder von ihnen brachte daher sein Quittungsbuch dem Kurz, weihte diesen in seinen Plan ein und bestimmte durch Geldgeschenke den Kurz, in den Quittungsbüchern solche Veränderungen der Einträge vorzunehmen oder in sie solche Einträge zu machen, daß aus ihnen zu entnehmen wäre, als ob die am 1. Januar 1900 fällig gewesenen Teilbeträge vor dem 1. Juni 1900 entrichtet wurden. Die nähere Art der Mitwirkung des Kurz, der selbstverständlich wußte, daß die Quittungsbücher zur Vorlegung an das Vorstandsmitglied Bader bestimmt sind, und die von Arnold sowie den anderen vier Vereinsmitgliedern zur Ausführung ihrer Pläne entfaltete Thätigkeit ist aus der folgenden Sachverhaltsdarstellung zu entnehmen.

1.

Arnold war mit der Entrichtung des ganzen Teilbetrags im Rückstande. Er entrichtete am 12. Juli 1900 an Kurz die volle rückständige Summe. Kurz lieferte sie an die Vereinskasse ab; er machte in das Quittungsbuch des Arnold (Spalten I, II, III des Vordrucks) Einträge, durch die der Anschein erweckt wurde, Arnold habe den am 1. Januar 1900 fälligen Teilbetrag am 4. März 1900 entrichtet, und trug zur Bestätigung der angeblichen Richtigkeit der Einträge in die Spalten I, II, III des Vordrucks in dessen Spalte IV seine Unterschrift ein. Arnold erhielt das Quittungsbuch von Kurz zurück; er war mit den von Kurz vorgenommenen Eintragungen einverstanden.

2.

Braun zahlte am 18. Februar 1900 von dem am 1. Januar 1900 fällig gewesenen Teilbetrage die Summe von fünf Mark an Kurz. Dieser machte die der Zahlung entsprechenden Einträge in die Spalten I, II, III des Vordrucks im Quittungsbuche des Kurz und trug in die Spalte IV seine Unterschrift ein. Braun brachte am 20 Juli 1900 sein Quittungsbuch dem Kurz und sagte ihm, er könne die noch fehlende Summe des Teilbetrags nicht aufbringen. Kurz radierte die in die Spalte II des Vordrucks eingetragene Zahl „5" aus und trug in die Spalte die Zahl „12" ein; er nahm diese Aenderungen in Gegenwart des Braun vor und gab diesem das Quittungsbuch zurück.

3.

Der Kassier Kurz war im April 1900 beurlaubt. Am 2. April 1900 zahlte Dennerlein an den Vertreter des Kurz, das Vorstandsmitglied Stöger, von dem am 1. Januar 1900 fällig gewesenen Teilbetrage die Summe von zwei Mark. Stöger machte die der Zahlung entsprechenden Einträge in das Quittungsbuch des Dennerlein und bestätigte deren Richtigkeit durch seine Unterschrift, die er in die Spalte IV des Vordrucks eintrug. Dennerlein brachte am 21. Juli 1900 sein Quittungsbuch dem Kurz und sagte ihm, er könne die noch rückständige Summe des Teilbetrags nicht aufbringen. Kurz setzte vor den Augen des Dennerlein der in die Spalte II des Vordrucks eingetragenen Zahl „2" die Ziffer „1" vor, sodaß der Eintrag auf die Zahl „12" lautete; Dennerlein erhielt nach der Vornahme dieses Zusatzes sein Quittungsbuch zurück.

4.

Eberhard zahlte am 3. April 1900 an das Vorstandsmitglied Stöger, den Stellvertreter des Kurz, von dem am 1. Januar 1900 fällig gewesenen Teilbetrage die Summe von sieben Mark; Stöger machte die der Zahlung entsprechenden Einträge in das Quittungsbuch des Eberhard und bestätigte deren Richtigkeit durch seine Unterschrift, die er in die Spalte IV des Vordrucks eintrug. Eberhard brachte am 22. Juli 1900 sein Quittungsbuch dem Kurz; er sagte ihm, daß er den Rest des schuldigen Teilbetrags nicht zahlen wolle. Kurz radierte die am 3. April 1900 von Stöger in das Buch gemachten Einträge einschließlich des Namens des Stöger aus und machte in die Spalte I bis IV des Vordrucks unter Beifügung seiner Unterschrift Einträge, durch die der Anschein erweckt wurde, als habe Eberhard am 10. Januar 1900 die volle Summe des am 1. Januar 1900 fällig gewesenen Teilbetrags an Kurz — dieser führte am 10. Januar 1900 die Kassengeschäfte — entrichtet. Eberhard billigte die von Kurz vorgenommenen Aenderungen.

5.

Frommel entrichtete von dem am 1. Januar 1900 fällig gewesenen Teilbetrag an den Kassier Kurz am 14. Januar 1900 die Summe von drei Mark und am 16. März 1900 die Summe von vier Mark; Kurz machte die den Zahlungen entsprechenden Einträge in Frommels Quittungsbuch und bestätigte deren Richtigkeit durch seine Unterschrift. Frommel brachte am 23. Juli 1900 das Quittungsbuch dem Kurz. Dieser radierte die auf die Zahlung vom 16. März 1900 bezügliche Eintragung in die Spalte II des Vordrucks aus und wollte in dieser Spalte an die Stelle der Zahl „4" die Zahl „9" setzen; er schrieb aber aus Versehen die Zahl „8", sodaß acht Mark als am 16. März 1900 gezahlt erschienen. Als Frommel in seiner Wohnung die von Kurz im Quittungsbuche vorgenommene Veränderung prüfte, entdeckte er den unterlaufenen Irrtum. Er eilte zu Kurz zurück, nahm aber in der Aufregung das Quittungsbuch nicht mit. Kurz, von Frommel über den unterlaufenen Irrtum benachrichtigt, ermächtigte den Frommel, unter Nachahmung seiner Schriftzüge nach Ausradierung der Zahl „8" in die Spalte II des Vordrucks die Zahl „9" einzutragen. Frommel machte noch an demselben Tage von der Ermächtigung Gebrauch.

6.

Arnold, Braun und Eberhard legten am 26. Juli 1900 ihre Quittungsbücher dem Vorstandsmitgliede Bäder vor. Dieser prüfte die Einträge, die sich auf die Entrichtung des am 1. Januar 1900 fällig gewesenen Teilbetrags bezogen; er schöpfte Verdacht, daß die Einträge gefälscht seien, behielt die Bücher zurück und legte sie den anderen Mitgliedern des Vorstands vor. Arnold, Braun und Eberhard, vom Vorstandsmitgliede Frisch von dem gegen sie bestehenden Verdachte benachrichtigt, gaben am 27. Juli 1900 die Erklärung ab, daß sie aus dem Verein austreten und auf alle Ansprüche an den Verein verzichten.

7.

Dennerlein begab sich am 27. Juli 1900 in die Geschäftsräume des Vereins, um das Quittungsbuch dem Vorstandsmitgliede Bader vorzulegen. Bader nahm das Buch in Empfang, legte es aber, ohne einen Blick hineinzuwerfen, auf die Seite, weil ihm augenblicklich die Zeit fehlte, aus dem Buche die Einträge in das neu anzulegende Kassabuch zu machen. Dennerlein erfuhr am Nachmittage desselben Tages, daß die Einträge in das Quittungsbuch des Arnold als verfälscht beanstandet wurden. Er verfügte sich unverzüglich in die Geschäftsräume des Vereins, erklärte dem Vorstandsmitgliede Bader, er trete unter Verzicht auf alle Ansprüche aus dem Verein aus, und bat um die Zurückgabe des Quittungsbuchs. Bader war über das Benehmen des Dennerlein erstaunt; er prüfte, wozu er bisher nicht die Zeit hatte, die Einträge in das Quittungsbuch, fand an ihnen nichts verdächtiges und redete dem Dennerlein zu, die Austrittserklärung zurückzunehmen. Dennerlein beharrte auf seinem Entschluß und erhielt das Quittungsbuch zurück.

8.

Frommel versah sein Quittungsbuch mit einem Briefumschlag und gab diesen samt Inhalt am 28. Juli 1900 der Postbehörde zur Beförderung an den Sterbekassaverein. Der mit der Uebergabe der Postsendung an den Verein betraute Postbote vermutete, daß sich im Umschlag ein Sparkassabuch befinde. Er wollte sich dieses zueignen und löste den Umschlag ab; als er sich davon überzeugte, daß seine

Vermutung nicht zutraf, warf er den Umschlag samt Inhalt auf die Straße. Ein Knabe fand die beiden Sachen; er brachte sie, da er aus der Adresse auf dem Umschlag entnahm, für wen sie bestimmt seien, dem Kassier Kurz. Kurz sah, daß es sich um das Quittungsbuch des Frommel handle, ahnte, daß es von einem Postbediensteten verloren wurde, und übergab es — ohne ein weiteres Wort zu sagen — am 29. Juli 1900 dem Vorstandsmitgliede Bader. Als dieser die Einträge in das Buch prüfte, überzeugte er sich davon, daß der auf die Zahlung vom 16. März 1900 bezügliche Eintrag gefälscht sei. Frommel, von Bader zur Rede gestellt, behauptete, daß der Eintrag echt sei, und verwahrte sich dagegen, eine Fälschung vorgenommen zu haben.

II.

Das Vorstandsmitglied Bader hegte schon seit längerer Zeit Zweifel an der Ehrlichkeit des Kassiers Kurz; er beschloß, ihm eine Falle zu legen. Bader war am 31. Juli 1900 in der Stadt Kleinau. Der in dieser Stadt wohnende Kaufmann Adolf Kramer gehörte dem Sterbekassaverein als Mitglied an. Bader schrieb in Kleinau ohne Wissen Kramers folgenden Brief:

„Kleinau, den 31. Juli 1900.

Hiemit übersende ich dem Verein als Anzahlung an dem für das zweite Halbjahr 1900 fälligen Beitrage die Summe von fünf Mark.

Vereinsmitglied Kaufmann Adolf Kramer“

legte dem Briefe einen Reichskassenschein von fünf Mark bei, brachte Brief und Kassenschein in einen Umschlag und gab das Ganze bei der Postbehörde in Kleinau als eine an den Sterbekassaverein Memento in Kirchheim bestimmte Postsendung auf. Diese kam am 1. August 1900 in Kirchheim an. Der mit der Bestellung der Sendung an den Verein betraute Briefträger von Kirchheim warf die Sendung in den Briefkasten an der Außenseite der Thüre, die in die Geschäftsräume des Sterbekassavereins führt. Der Kassier

Kurz nahm am 1. August 1900 die Sendung aus dem Briefkasten und öffnete sie; er war hiezu nach den Dienstvorschriften befugt. Statt nun aber den Reichskassenschein an die Vereinskasse abzuliefern und den Begleitbrief zu den Kassabelegen zu nehmen, steckte Kurz den Schein zu sich, um ihn zu behalten, und verbrannte den Begleitbrief sowie den Briefumschlag. Daran, daß der Brief vom 31. Juli 1900 echt sei, zweifelte Kurz nicht.

Am 2. August 1900 fragte das Vorstandsmitglied Bader den Kurz im angeblichen Auftrage des Kaufmanns Kramer, ob dessen Sendung richtig eingetroffen sei. Kurz verneinte es. Er blieb seit dem Nachmittage des 2. August von den Geschäftsräumen des Vereins ferne und verließ nach einigen Tagen heimlich die Stadt Kirchheim.

Als der Kaufmann Kramer später von dem Mißbrauch erfuhr, den Bader mit seinem Namen getrieben hatte, stellte er den Bader allen Ernstes zur Rede.

Welcher strafbaren Handlung machten sich:

Arnold,
Braun,
Dennerlein,
Eberhard,
Frommel,
Kurz,
Bader

schuldig?

Die Antworten sind zu begründen.

III. Aufgabe

aus dem Strafrecht und dem Strafprozeßrechte.

A.

Anna Geier von Mindelheim trat am 1. Oktober 1900 bei den Kaufmannseheleuten Wilhelm und Natalie Groß in München als Dienstbote gegen einen am Ende jeden

Monats zahlbaren Lohn ein. Sie übergab beim Beginne des Dienstverhältnisses die für sie nach den Vorschriften des Invalidenversicherungsgesetzes ausgestellte, mit der fortlaufenden Nummer 4 versehene Quittungskarte, in die fünfundzwanzig noch nicht entwertete Marken im Nennwerte von je vierundzwanzig Pfennig eingeklebt waren, dem Wilhelm Groß. Dieser gab die Karte zur Aufbewahrung seiner Frau; er beauftragte die Frau, bei der am Ende des Monats stattfindenden Zahlung des Lohnes an die Geier die jeweils entsprechende Zahl von Marken in die Karte einzukleben, sagte, daß bei der Lohnzahlung der auf die Geier entfallende Versicherungsbeitrag nicht einbehalten werden soll, weil er aus eigenen Mitteln die Marken für die Geier entrichten wolle, und gab, da für die Geier Marken nach der Lohnklasse III des Invalidenversicherungsgesetzes zu entrichten waren, seiner Frau den zur Erwerbung der Marken für die nächsten zwölf Wochen erforderlichen Betrag von zwei Mark achtundachtzig Pfennig.

I.

Natalie Groß, eine genußsüchtige Frau, benutzte jede Gelegenheit, sich hinter dem Rücken ihres Mannes Geld zu verschaffen. Sie beschloß, die in die Quittungskarte der Geier eingeklebten Marken zu ihrem Vorteile zu verwerten und auch den von ihrem Manne zur Erwerbung von zwölf Marken empfangenen Vorschuß für sich zu verwenden; sie beabsichtigte, das ihr von ihrem Manne für Weihnachten 1900 in Aussicht gestellte größere Geldgeschenk zur Erwerbung von siebenunddreißig Marken zu verwenden und hoffte für den Fall einer vorzeitigen Entdeckung ihres Thuns, daß ihr Mann ihr die Mittel zur Abwendung jeden Schadens von der Geier geben wird.

Die Groß löste von der Quittungskarte der Geier die nicht entwerteten fünfundzwanzig Marken ab, brachte sie am 4. Oktober 1900 ihrer Freundin, der Witwe Marie Maier in München, sagte ihr, auf welche Weise sie sich die Marken verschaffte, bat sie, die Marken bestmöglichst zu verkaufen, und versprach ihr den fünften Teil des Erlöses; sie sagte der Maier auch, sie wolle sich mit dem ihr bleibenden Reste des Erlöses und mit dem ihr von ihrem Manne gegebenen, von ihr auf die Seite gebrachten Vorschusse von zwei Mark achtundachtzig Pfennig gütliche Stunden bereiten. Die Maier ging auf das Ersuchen der Groß mit der Absicht ein, sich auch einen Sondervorteil zu verschaffen; es gelang ihr, die Marken um sechs Mark zu verkaufen. Sie behielt von dieser Summe eine Mark für sich und brachte am 5. Oktober 1900 der Groß fünf Mark mit der Behauptung, einen höheren Preis für die Marken nicht erzielt zu haben. Die Groß gab von der empfangenen Summe der Maier als Entgelt für die Vermittelung des Verkaufs eine Mark; sie war mit dem Ergebnisse des von der Maier vermittelten Geschäfts so zufrieden, daß sie die Maier einlud, mit ihr als ihr Gast eine Konditorei zu besuchen. In dieser betrug die Zeche der Groß fünf Mark achtundachtzig Pfennig; die Groß berichtigte diesen Betrag und schenkte schließlich der Maier ein Markstück, das ihr von der für den Verkauf der Marken erlösten Summe übrig geblieben war. Als sich die Maier von der Groß verabschiedete, sagte sie dieser, sie wolle etwas aussinnen, damit der Ehemann Groß davon nichts merke, daß der von ihm gegebene Vorschuß veruntreut worden sei.

II.

Anna Geier fand an dem Dienst bei den Eheleuten Groß keinen Gefallen. Sie ersuchte am 30. November 1900 den Wilhelm Groß, auf der Stelle das Dienstverhältnis für beendigt zu erklären. Groß war mit der Beendigung einverstanden; als ihn die Geier um die Zurückgabe der beim Beginne des Dienstverhältnisses übergebenen Quittungskarte bat, verwies er sie an seine Ehefrau. Diese hatte am 30. November 1900 nicht die geringsten Barmittel. Sie konnte daher die von der Quittungskarte der Geier abgelösten Marken nicht durch neue ersetzen und in die Karte nicht die Marken einkleben, die seit dem 1. Oktober 1900 einzukleben gewesen wären; sie vertröstete die Geier mit der Zurückgabe der Karte, weil sie diese verlegt habe, auf den nächsten Tag. Am 1. Dezember 1900 klagte die Groß ihre Not ihrer Freundin Marie Maier und bat diese um Hilfe. Die Maier wußte Rat. Bei ihr war bis zum 1. November 1900 eine gewisse Wally Hopf als Köchin bedienstet. Diese trat, da sie heiratete, aus dem Dienste; sie hatte aus Vergeßlichkeit ihre Quittungskarte, in die vierunddreißig Marken im Nennwerte von je vierundzwanzig Pfennig eingeklebt waren, bei der Maier zurückgelassen. Die Maier sagte der Groß, sie wolle ihr die Karte schenken, damit sie die Marken ablösen und in die Karte der Geier einkleben könne. Groß und Marie Maier brachten es durch ihr gemeinsames Bemühen zustande, die Marken von der Karte der Hopf abzulösen und die auf diesen Marken angegebenen Entwertungstage so wegzutilgen, daß die Marken das Aussehen von Marken hatten, die doch nie verwendet und entwertet waren.

Als die Groß in ihrer Wohnung diese Marken in die Quittungskarte der Geier einkleben wollte, fand sie zu ihrem Schrecken die Karte nicht mehr. Sie nahm aus dem ihr zugänglichen Koffer der Geier deren Heimatschein, eilte in einer einfachen Kleidung zu dem Beamten des Magistrats der Stadt München, der mit der Ausstellung und Ausgabe der Quittungskarten betraut ist, legte ihm den Heimatschein der Geier vor, gab sich für das Dienstmädchen Anna Geier von Mindelheim aus und ersuchte um die Ausstellung einer Quittungskarte. Der Beamte fragte die Groß, ob sie nicht früher schon als Dienstbote gegen Lohn beschäftigt war; er stellte, als die Groß die Frage verneint hatte, eine Quittungskarte aus, die mit der fortlaufenden Nummer 1 versehen, auf der der 1. Dezember 1900 als der Tag der Ausstellung bezeichnet war und die auf den Namen der Anna Geier von Mindelheim lautete, gab die Karte der von ihm für die Geier gehaltenen Groß und machte, als sich diese entfernt hatte, in die von ihm nach den Dienstesvorschriften über die Ausstellung von Quittungskarten zu führende Liste, von der die Groß eine Ahnung nicht hatte, die entsprechenden Einträge. In die Wohnung zurückgekehrt schickte sich die Groß an, in die eben erhaltene Quittungskarte von den durch die Maier ihr überlassenen Marken fünfundzwanzig Stücke und mit Rücksicht darauf, daß die Geier am 1. Oktober 1900 bis zum 1. Dezember 1900 bei ihr bedienstet war, neun Marken einzukleben. Sie glaubte diese neun Marken dadurch entwerten zu müssen, daß sie auf jede Marke den Anfangsbuchstaben des Vor- und Zunamens ihres Ehemanns setzte, dessen Schriftzüge sie genau nachahmte. Nachdem die Groß die Marken entwertet hatte, erinnerte sie sich daran, daß die Quittungskarte der Geier mit der fortlaufenden Nummer 4 versehen war; sie änderte deshalb auf der Karte, die ihr beim Magistrate gegeben worden war, die als die fortlaufende Nummer eingetragene Ziffer „1" in die Zahl „4" um; der Tag der Ausstellung dieser Karte — 1. Dezember 1900 — wurde von der Groß, der die Wichtigkeit dieses Eintrags entging, nicht verändert. Als die Groß die Quittungskarte auf die beschriebene Art zurechtgerichtet hatte, klebte sie die Marken in die Karte ein. Nun aber stiegen in ihr doch die Bedenken darüber auf, ob es ihr gelungen sei, die Karte so zuzurichten, daß die Geier diese Karte für die halten konnte, die sie bei dem Beginne des Dienstverhältnisses abgegeben hatte; sie ließ die Karte auf einem Schrank in der Küche ihrer Wohnung liegen und eilte zu ihrer Freundin Maier, um deren Rat einzuholen.

III.

Als die Groß fort war, kehrte die Geier in deren Wohnung zurück. Sie entdeckte die auf dem Schranke in der Küche liegende Quittungskarte, nahm wahr, daß diese Karte und die von ihr beim Beginne des Dienstverhältnisses abgegebene Karte nicht eine und dieselbe ist, und daß die zur Entwertung der neun Marken auf diese geschriebenen Anfangsbuchstaben W. G. nicht von der Hand des Wilhelm

Groß herrührten. Die Geier ahnte, daß hinter der Sache ein schlechter Streich der Natalie Groß stecke, fürchtete, der Versicherungsanstalt gegenüber in Verlegenheit zu geraten, nahm zur Wahrung ihrer Interessen die Karte zu sich und steckte sie in die Tasche ihres Rockes entschlossen von der Karte bei der zuständigen Behörde den ihr dienlich scheinenden Gebrauch zu machen.

IV.

Natalie Groß kam in ihre Wohnung zurück, ohne die Gelegenheit zur Rücksprache mit der Maier gefunden zu haben; sie war entschlossen, die Karte der Geier zu geben und abzuwarten, ob ihr die Täuschung der Geier nicht gelinge. Als die Groß die Karte auf dem Küchenschranke nicht liegen sah, richtete sie an die in der Küche anwesende Geier die Frage, wo die Karte sei. Die Geier sagte, daß sie die Karte nicht gesehen habe, und bat die Groß um die Zurückgabe der beim Beginne des Dienstverhältnisses abgegebenen Quittungskarte. Natalie Groß geriet hierüber in Streit mit der Geier; sie sah, als diese ihr Taschentuch aus der Rocktasche zog, die von ihr vermißte, auf dem Küchenschranke liegen gelassene Karte auf den Boden fallen. Anna Geier hob rasch die Karte vom Boden auf und hielt sie fest in der Hand. Die Groß suchte der Geier die Karte zu entreißen; sie ergriff, um den Widerstand der Geier zu brechen, einen eisernen Schürhaken und versetzte damit der Geier Schläge auf die Hand; die Geier, deren Hand infolge der Schläge schmerzte und die Kraft zum Halten der Karte verlor, ließ diese zu Boden fallen; die Groß raffte die Karte auf, zerriß sie und warf die Trümmer in das Herdfeuer.

Welcher strafbaren Handlungen machten sich Natalie Groß, Anna Geier und Marie Maier schuldig?

Die Antworten sind zu begründen.

B.

Natalie Groß verließ Ende Dezember 1900 heimlich ihren Ehemann, zog als Landstreicherin umher und wurde am 26. Februar 1901 vorläufig festgenommen. Das Amtsgericht München I erließ auf Antrag des Staatsanwalts bei dem Landgerichte München I einen Haftbefehl gegen die Groß, der am 27. Februar 1901 vollstreckt wurde. In dem Haftbefehle waren die der Groß nach der Sachverhaltsdarstellung unter A zur Last zu legenden strafbaren Handlungen und war als Grund der Verhaftung angegeben, daß die Groß eine Landstreicherin sei. Der Staatsanwalt erhob, ohne daß ein Voruntersuchung stattgefunden, durch Einreichung einer Anklageschrift bei dem Landgerichte München I die öffentliche Klage gegen die Groß wegen:

I. der ihr nach der Sachverhaltsdarstellung unter A zur Last zu legenden strafbaren Handlungen,

II. 1. eines von der Groß am 4. Januar 1901 begangenen Vergehens des Diebstahls,
   2. eines von der Groß am 17. Januar 1901 begangenen Vergehens der Unterschlagung,
   3. eines von der Groß am 21. Februar 1901 begangenen Vergehens des Betrugs,
   4. eines von der Groß am 24. Februar 1901 begangenen Vergehens des Widerstands gegen die Staatsgewalt

und beantragte, es wolle das Hauptverfahren gegen die Groß wegen der bezeichneten strafbaren Handlungen vor der Strafkammer eröffnet und die Fortdauer der Untersuchungshaft der Groß angeordnet werden. Das Gericht entsprach durch den Beschluß vom 23. März 1901 dem Antrag; es sprach insbesondere die Fortdauer der Untersuchungshaft der Groß aus, weil sie eine Landstreicherin sei. Die Hauptverhandlung gegen die Groß fand am 4. Juni 1901 statt. Das Landgericht fand in der Hauptverhandlung in den Thatsachen, die in der Sachverhaltsdarstellung unter A niedergelegt sind, die gesetzlichen Merkmale von nur drei sachlich zusammenhängenden strafbaren Handlungen gegen die Groß und sprach hierwegen gegen sie Einzelstrafen von zwei Monaten, zwei Monaten und zehn Tagen Gefängnis aus; es verurteilte ferner die Groß:

1. wegen des am 4. Januar 1901 begangenen Diebstahls zu zehn Tagen Gefängnis,
2. wegen der am 17. Januar 1901 begangenen Unterschlagung zu zwei Tagen Gefängnis,
3. wegen des am 21. Februar 1901 begangenen Betrugs zu zehn Tagen Gefängnis,
4. wegen des am 24. Februar 1901 begangenen Widerstands zu vierzehn Tagen Gefängnis

und erkannte nach § 74 des Strafgesetzbuchs bezüglich aller bezeichneten Einzelstrafen gegen die Groß auf eine Gesamtstrafe von fünf Monaten Gefängnis, auf die zwei Monate der erlittenen Untersuchungshaft angerechnet werden sollten. In den Gründen des Urteils ist unter anderem ausgesprochen, daß ein Anlaß zur Aufhebung des vom Amtsgericht erlassenen Haftbefehls nicht besteht, weil die Groß eine Landstreicherin ist.

Natalie Groß gab am 5. Juni 1901 nachmittags 3 Uhr 35 Minuten zu Protokoll des Gerichtsschreibers die Erklärung ab:

1. sie fechte das am 4. Juni 1901 verkündete Urteil durch die Revision an, insoweit sie
   a. wegen Diebstahls zu zehn Tagen Gefängnis,
   b. „ Unterschlagung zu zwei Tagen Gefängnis,
   c. „ Widerstands zu vierzehn Tagen Gefängnis

verurteilt wurde,

2. sie verzichte auf die Einlegung eines Rechtsmittels gegen das Urteil, insoweit gegen sie die Einzelstrafen von zwei Monaten, zwei Monaten und zehn Tagen Gefängnis (strafbare Handlungen nach der Sachverhaltsdarstellung unter A) und von zehn Tagen Gefängnis wegen des am 21. Februar 1901 begangenen Betrugs ausgesprochen wurden.

Mit Rücksicht darauf, daß das Urteil vom 4. Juni 1901, insoweit dadurch gegen die Groß wegen im Haftbefehle des Amtsgerichts München I angegebener strafbarer Handlungen Einzelstrafen von zwei Monaten, zwei Monaten und von zehn Tagen Gefängnis festgesetzt wurden, seit dem 5. Juni 1901 nachmittags 3 Uhr 35 Minuten rechtskräftig war, ferner mit Rücksicht darauf, daß eine ausdrückliche Entscheidung des Gerichts darüber nicht vorlag, daß der vom Amtsgericht erlassene Haftbefehl auf alle die Handlungen ausgedehnt werde, bezüglich deren die Groß verurteilt wurde, endlich mit Rücksicht darauf, daß nach dem Urteile vom 4. Juni 1901 zwei Monate der von der Groß erlittenen Untersuchungshaft auf die erkannte Strafe angerechnet werden sollen, war der Staatsanwalt der Anschauung, daß die Groß am 15. August 1901 nachmittags 3 Uhr 35 Minuten die gegen sie rechtskräftig festgesetzten Einzelstrafen von zwei Monaten, zwei Monaten und zehn Tagen Gefängnis unter Anrechnung von zwei Monaten Untersuchungshaft erstanden habe, und ordnete an, daß die Groß am 15. August 1901 nachmittags 3 Uhr 35 Minuten aus der Haft entlassen werde; die Entlassung fand, wie angeordnet, statt.

Am 17. August 1901 gelangten an den Staatsanwalt die Akten zurück, die aus Anlaß der Einlegung der Revision der Groß dem Reichsgerichte vorgelegt worden waren. Aus den Akten war zu entnehmen, daß das Reichsgericht durch das am 9. August 1901 nachmittags 2 Uhr 45 Minuten verkündete Urteil die Revision der Groß als unbegründet verworfen hat.

Der Staatsanwalt hielt es nach Lage des Falles für veranlaßt, die Entscheidung des Landgerichts über die Berechnung der gegen die Groß erkannten Strafe herbeizuführen. Das Landgericht sprach durch den Beschluß vom 4. September 1901 aus, es sei auf die erkannte Strafe — abgesehen von der nach dem Urteil in Anrechnung zu bringenden Untersuchungshaft — nur die Haft anzurechnen, welche die

Groß am 9. August 1901 nachmittags 2 Uhr 45 Minuten bis zum 15. August 1901 nachmittags 3 Uhr 35 Minuten verbüßte.

Ist die durch den Beschluß des Landgerichts ausgesprochene Berechnung der Strafe zu billigen?

Die Antwort ist zu begründen.

Praktischer Fall aus dem Justizfache.

Die Prüfungskandidaten haben die auf grund der mündlichen Verhandlung vom 2. Dezember 1901 zu erlassende landgerichtliche Entscheidung nach Maßgabe der Bestimmungen der Civilprozeßordnung und des Bürgerlichen Gesetzbuchs auszuarbeiten.

Soweit Grundstücke und Rechte an Grundstücken in Frage kommen, ist anzunehmen, daß für die Grundstücke das Grundbuch seit dem 1. Januar 1900 als angelegt gilt. Die in der Aufgabe genannten Orte sollen als in Bayern liegend gelten.

Die Ausarbeitung einer Thatbestandsdarstellung ist erlassen; als solche hat die Aufgabe zu gelten. In den Entscheidungsgründen sind alle rechtlichen und thatsächlichen Ausführungen zu würdigen, die von den Anwälten vorgebracht worden sind.

Der bei dem Landgerichte Friesen und dem im Bezirke des Landgerichts Friesen gelegenen Amtsgerichte Felden zur Rechtsanwaltschaft zugelassene Rechtsanwalt Hell in Felden erhob als Bevollmächtigter des Gärtnerssohns Ferdinand Kraut in Felden gegen den Wirt Franz Passeyer in Asbach eine an das Landgericht Friesen gerichtete Klage. Ebenso erhob der zur Rechtsanwaltschaft bei dem Landgerichte Friesen zugelassene Rechtsanwalt Werner als Bevollmächtigter des Schneidermeisters Jakob Billig in Felden gegen denselben Franz Passeyer Klage zu demselben Gerichte.

Auf die Einreichung der Klageschriften bei der Gerichtsschreiberei des Prozeßgerichts wurde in beiden Sachen zur mündlichen Verhandlung des Rechtsstreits Termin auf den 2. Dezember 1901 vormittags 9 Uhr vor der Civilkammer des Landgerichts bestimmt.

Die Klageschriften wurden beide dem Beklagten am 30. Oktober 1901 persönlich zugestellt. Er bestellte in beiden Sachen den bei dem Landgerichte Friesen zugelassenen Rechtsanwalt Burger zu seinem Bevollmächtigten. Die Anwälte wechselten die erforderlichen vorbereitenden Schriftsätze.

Die Civilkammer des Prozeßgerichts war in der zur mündlichen Verhandlung der Prozesse bestimmten Sitzung besetzt mit dem Landgerichtspräsidenten Altmann und den Landgerichtsräten Lindner und Strauß. Als Gerichtsschreiber leistete Dienst der Rechtspraktikant Emmert.

Auf den übereinstimmenden mündlichen Antrag der im Termin erschienenen Rechtsanwälte Hell, Werner und Burger wurden vom Gerichte durch einen nach kurzer Beratung vom Vorsitzenden sofort verkündeten Beschluß die beiden Prozesse wegen rechtlichen Zusammenhangs zum Zwecke der gleichzeitigen Verhandlung und Entscheidung verbunden.

Der Vorsitzende rief sofort die beiden Prozesse zur Verhandlung auf und erteilte das Wort zunächst dem Rechtsanwalte Hell.

Dieser verlas aus der Klageschrift folgenden Antrag:

„Das K. Landgericht wolle erkennen:

„1 Die aus dem Urteile des Landgerichts Friesen vom „2. April 1901 in Sachen Franz Passeyer gegen „Johann Kraut wegen Darlehensforderung Pr. R. Nr. „157 und aus dem Urteile desselben Gerichts vom „20. April 1901 in Sachen Franz Passeyer gegen „Johann Kraut wegen Schadensersatz Pr. R. Nr. 181 „erfolgten Zwangsvollstreckungen werden als unzulässig „aufgehoben.

„2. Der Beklagte Passeyer hat in die Löschung der „Sicherungshypotheken zu willigen, die auf grund

„jener Urteile im Wege der Zwangsvollstreckung auf „den jetzt dem Kläger gehörigen Grundstücken Pl.Nr „1756, 2033, 862 der Steuergemeinde Felden im „Grundbuche für Felden Bd. II. S. 17, Bd. VII S. „133, Bd. IX S. 81 eingetragen sind.

„3. Der Beklagte hat die Kosten des Rechtsstreits zu tragen."

Zur Begründung dieses Antrags trug Rechtsanwalt Hell in Uebereinstimmung mit dem Inhalte seiner Schriftsätze vor:

Der Gärtner Johann Kraut von Felden hielt sich im Februar dieses Jahres kurze Zeit in Asbach auf und wohnte dort unter dem Namen Michael Huber bei dem Beklagten Passeyer. Während dieses Aufenthalts borgte Kraut nach Passeyers Angabe unter der Vorspiegelung, er sei ein reicher Grundbesitzer und erwarte demnächst eine größere Summe Geldes, von Passeyer den Betrag von 700 ℳ. Ein am 16. Februar ausgestellter, ohne Zweifel echter Schuldschein darüber befindet sich in Passeyers Händen. Am 17. Februar verließ Kraut heimlich bei Nacht das Haus des Passeyer und den Ort Asbach. Er kehrte anfangs März nach Hause zurück, krank und im Aeußeren heruntergekommen, ohne Geld. Jedenfalls hatte er das geborgte Geld unterwegs verbraucht. In der Nacht, in der Kraut von Asbach entwich, war in der Passeyer'schen Gastwirtschaft und zwar zunächst in dem von Kraut bewohnten Zimmer ein Brand ausgebrochen, der erst durch das Eingreifen der Feuerwehr gelöscht werden konnte. Der Schaden betrug nach den Schätzungen der Versicherungsanstalten 2000 Mark. Der Brand ist nach Passeyers nicht unglaubwürdiger Behauptung dadurch verursacht worden, daß Kraut in der Eile seiner nächtlichen Flucht vergessen hatte, die von ihm angezündete und frei auf einem Tisch in der Nähe des Bettes gestellte Kerze zu löschen.

Kurz nachdem Johann Kraut nach Hause zurückgekommen war, gelang es Passeyer mit Hilfe der Behörden, den wahren Namen und den Aufenthaltsort des Johann Kraut zu ermitteln. Von einer Verhaftung, die ursprünglich beabsichtigt war, mußte Umgang genommen werden, weil Kraut schwer krank und nicht transportfähig war. Passeyer übertrug alsbald dem Rechtsanwalte Burger dahier die Wahrnehmung seiner Rechte vor den Civilgerichten. Rechtsanwalt Burger erhob beim hiesigen Landgerichte Klage zuerst wegen der Darlehenssumme von 700 ℳ, später in besonderem Verfahren auch wegen des durch den Brand verursachten Schadens von 2000 ℳ. Die beiden Klagen wurden Kraut persönlich zugestellt. Er verabsäumte die Bestellung eines Anwalts. Das Gericht erkannte ihn durch die Versäumnisurteile vom 2. und 20. April 1901 für schuldig, die beiden Summen von 700 ℳ und 2000 ℳ zu zahlen und erklärte beide Urteile für vorläufig vollstreckbar. Das die Darlehensforderung betreffende Versäumnisurteil vom 2. April wurde am 15. April, das Urteil in der Schadensersatzsache am 26. April dem Johann Kraut zugestellt.

Am 12. Mai 1901 verstarb Johann Kraut unter Hinterlassung eines Sohnes, des jetzigen Klägers Ferdinand Kraut, und einer Witwe, der inzwischen gleichfalls verstorbenen Anna Kraut, einer geborenen Maier. Die Prozesse wurden nicht weitergeführt; wohl aber betrieb auf grund der ergangenen Urteile Rechtsanwalt Burger die Zwangsvollstreckung und hiegegen richtet sich die erhobene Klage. Rechtsanwalt Burger erwirkte zunächst namens des Passeyer auf grund der vollstreckbaren Ausfertigung des Urteils vom 2. April 1901 am 23. April 1901 bei dem Grundbuchamte Felden, daß zu gunsten des Teilbetrags von 300 ℳ seiner Darlehensforderung auf dem im Grundbuche für Felden Bd. VII S. 133 auf den Namen des Johann Kraut als Eigentümers eingetragenen Grundstücke Pl.Nr. 1756 der Steuergemeinde Felden eine Sicherungshypothek eingetragen wurde.

Rechtsanwalt Burger erhielt ferner auf seinen Antrag von dem Amtsgerichte Felden eine Bescheinigung, daß Johann und Anna Kraut laut des Eintrags im Güterrechtsregister für ihre am 14. Januar 1900 in Felden abgeschlossene Ehe durch Ehevertrag vom 13. Januar 1900 Nr. 25 die allgemeine Gütergemeinschaft vereinbart und ohne Vorbehalt ihr beiderseitiges Vermögen in das Gesamtgut eingebracht hatten, und weiterhin eine beglaubigte Abschrift des Zeugnisses, das sich Anna Kraut am 1. Juni 1901 darüber hatte erteilen lassen, daß sie die Gütergemeinschaft mit ihrem Sohne Ferdinand Kraut fortsetzte. Auf grund dieser beiden Zeugnisse erwirkte Rechtsanwalt Burger, daß das Urteil vom 20. April 1901 gegen die Gärtnerswitwe Anna Kraut in Felden „als Rechtsnachfolgerin des Beklagten Johann Kraut“ für vollstreckbar erklärt wurde. Er ließ diese vollstreckbare Ausfertigung und beglaubigte Abschriften der beiden Zeugnisse am 8. Juni 1901 der Anna Kraut persönlich zustellen und erwirkte auf grund dessen bei dem Grundbuchamt in Felden, daß am 12. Juni 1901 zu gunsten seiner Schadensersatzforderung von 2000 ℳ auf dem im Grundbuche für Felden Bd. IX S. 81 auf den Namen der „Anna Maier nun verehelichten Kraut“ als Eigentümerin eingetragenen Grundstücke Pl.Nr. 2033 der Steuergemeinde Felden eine Sicherungshypothek eingetragen wurde.

Endlich betrieb Rechtsanwalt Burger die Zwangsvollstreckung auch noch gegen Ferdinand Kraut selbst. Am 15. August 1901 ist nämlich auch Anna Kraut verstorben. Da sie ebensowenig wie ihr verstorbener Gatte Johann Kraut eine letztwillige Verfügung hinterlassen hat, ist sie von dem einzigen gemeinschaftlichen Abkömmlinge Ferdinand Kraut ausschließlich beerbt worden. Ferdinand Kraut ließ sich vom Nachlaßgerichte Felden am 24. August 1901 hierüber einen Erbschein ausstellen, erlangte auf grund dieses Erbscheins, daß er als Eigentümer der Grundstücke Pl.Nr. 1756 und 2033 der Steuergemeinde Felden im Grundbuch eingetragen wurde, und nahm den beweglichen Nachlaß seiner Mutter, der nur aus Hauseinrichtungsgegenständen im Werte von rund 200 ℳ besteht, in seinen Besitz. Rechtsanwalt Burger erwirkte namens des Gläubigers Passeyer, daß vom Amtsgerichte Felden als Nachlaßgericht ein Erbschein ausgestellt wurde dahin, daß Ferdinand Kraut Gesetzeserbe seines Vaters Johann Kraut sei. Ferdinand Kraut hat hiegegen bei dem Nachlaßgerichte Widerspruch erhoben, ist jedoch damit auf den Rechtsweg verwiesen worden. Auf grund einer Ausfertigung dieses am 30. August 1901 ausgestellten und des am 24. August 1901 auf den Antrag des Ferdinand Kraut erteilten Erbscheins erlangte Rechtsanwalt Burger, daß für seinen Vollmachtgeber Passeyer von den beiden Urteilen (vom 2. und 20. April 1901) vollstreckbare Ausfertigungen gegen Ferdinand Kraut als den Erben seiner Eltern Johann und Anna Kraut erteilt wurden. Die Urteilsausfertigungen mit den beglaubigten Abschriften der Erbscheine ließ Rechtsanwalt Burger am 12. September 1901 dem Ferdinand Kraut persönlich zustellen. Er ließ nunmehr am 14. September 1901 durch den Gerichtsvollzieher bei dem Amtsgerichte Felden die aus dem Nachlasse der Anna Kraut herrührenden Hauseinrichtungsgegenstände im Werte von 200 ℳ zu gunsten der Darlehensforderung von 700 ℳ pfänden. Er erwirkte weiterhin, daß auf dem Grundstücke Pl.Nr. 2033 der Steuergemeinde Felden am 17. September 1901 im Grundbuche für Felden im Wege der Zwangsvollstreckung für den Restbetrag von 400 ℳ der schon zu 300 ℳ auf dem Grundstücke Pl.Nr. 1756 gesicherten Darlehensforderung von 700 ℳ eine Sicherungshypothek eingetragen wurde. Endlich erwirkte er am gleichen Tage bei demselben Grundbuchamte, daß zu gunsten des Teilbetrags von 1500 ℳ von der Schadensersatzforderung zu 2000 ℳ eine Sicherungshypothek auf dem von Ferdinand Kraut nach dem Tode seiner Mutter durch Kauf erworbenen Grundstücke Pl.Nr. 862 der Steuergemeinde Felden im Grundbuche für Felden Band II S. 17 eingetragen wurde. Um die letztere Eintragung gegenüber dem gesetzlichen Gebote der Verteilung der Forderung bei der Zwangsvollstreckung in mehrere Grundstücke möglich zu machen, hat Rechtsanwalt Burger namens des Passeyer auf die zu gunsten der Schadensersatzforderung von 2000 ℳ im Grundbuche für Felden Bd. IX S 81 im Wege der Zwangsvollstreckung am 12. Juni 1901 eingetragene Sicherungshypothek bis auf den Betrag von 500 *M* verzichtet und die Eintragung des Verzichts im Grundbuch erwirkt.

Alle diese Vollstreckungshandlungen waren unzulässig, wie sich im folgenden zeigen wird. Ich habe auch sofort nach der Vornahme der Fahrnispfändung dem Rechtsanwalte Burger diese meine Anschauung mitgeteilt und ihm namens des Ferdinand Kraut die Klage angekündigt, konnte aber nicht mehr erreichen als eine Vereinbarung dahin, daß bis zum Austrage der Sache die Versteigerung der gepfändeten Fahrnisse unterbleiben soll.

Zunächst muß nun zur Begründung der Klage behauptet werden, daß Johann Kraut in den beiden Prozessen nicht ordnungsmäßig vertreten war, daß die gegen ihn ergangenen Urteile unwirksam, die an ihn erfolgten Zustellungen nichtig waren. Johann Kraut gab schon, bevor er sich von Felden entfernt hatte, Zeichen von Geistesstörung, er war, wie anzunehmen ist, geisteskrank und unzurechnungsfähig jedenfalls, als er in Asbach war, und ohne Zweifel seit seiner Rückkehr nach Felden bis zu seinem Tode. Der nach seinem Tode vom Arzte ausgestellte Leichenschauschein gibt denn auch als Todesursache „progressive Paralyse" an. Hienach war Johann Kraut unfähig, sich selbst zu vertreten, ein gesetzlicher Vertreter war nicht vorhanden, die gegen Johann Kraut vorgenommenen Prozeß- und Vollstreckungsverhandlungen sind ungiltig und damit ohne weiteres die Klagansprüche begründet.

Käme aber selbst dies nicht in Betracht, so wäre die Zwangsvollstreckung doch insoweit unzulässig, als sie sich gegen die Witwe Anna Kraut und durch diese gegen Ferdinand Kraut richtet. Denn Anna Kraut haftete zunächst nicht für die eingeklagten Forderungen. Es ist zwar richtig, daß sie bei Eingehung ihrer mit Johann Kraut abgeschlossenen Ehe, durch die Ferdinand Kraut legitimiert wurde, mit ihrem Ehemanne Johann Kraut allgemeine Gütergemeinschaft vereinbart hatte, und daß sie die Gütergemeinschaft nach dem Tode des Johann Kraut mit ihrem Sohne Ferdinand zunächst fortgesetzt hatte. Allein die beiden nun geltend gemachten Forderungen sind Forderungen aus unerlaubten Handlungen des Johann Kraut, als solche höchstpersönlicher Natur und auf seine Ehefrau nicht erstreckbar. Durch den Tod des Johann Kraut ist hieran nichts geändert. Insbesondere ist Anna Kraut nicht etwa durch die Fortsetzung der Gütergemeinschaft Rechtsnachfolgerin des Johann Kraut und so für ihn verantwortlich geworden. Denn die Fortsetzung der Gütergemeinschaft ist keine Rechtsnachfolge und Schulden des Mannes, die vor dessen Tode nicht Gesamtgutsverbindlichkeiten waren, können es nicht nach seinem Tode werden.

Uebrigens stand der Zwangsvollstreckung vom 12. Juni 1900 entgegen, daß das angegriffene Grundstück Pl.-Nr. 2033 der Steuergemeinde Felden gar nicht zum Gesamtgute gehörte. Dieses Grundstück, das zusammen mit den jetzt gepfändeten Fahrnissen das gesamte Vermögen der Anna Maier bei ihrem Eheschlusse mit Johann Kraut bildete — ebenso wie das Grundstück Pl.-Nr. 1756 der Steuergemeinde Felden das einzige Vermögen des Ehemanns Johann Kraut — war zwar beim Eheabschlusse Bestandteil des Gesamtguts, nicht mehr aber zur Zeit des Zugriffs in der Zwangsvollstreckung. Johann Kraut hatte im Dezember 1900 begonnen, einen verschwenderischen Lebenswandel zu führen, seine Frau hatte ihn auf Aufhebung der Gütergemeinschaft verklagt und am 1. Februar 1901 war bei einem Sühneversuche vor dem Prozeßgerichte zwischen den persönlich erschienenen Eheteilen ein Vergleich zu stande gekommen, wonach die Klage von Anna Kraut zurückgezogen, dafür aber das Grundstück Pl.-Nr. 2033 zum Vorbehaltsgute der Frau erklärt worden war. Auf dieses Vorbehaltsgut durfte deshalb jedenfalls der Zugriff nicht erstreckt werden. Auch war die gegen die Frau erteilte Vollstreckungsklausel zur Zwangsvollstreckung in Vorbehaltsgut jedenfalls nicht genügend.

Als Erbin ihres Mannes aber, woran man allenfalls

noch denken könnte, haftete Anna Kraut gleichfalls nicht. Sie wäre nach den Bestimmungen des Bürgerlichen Gesetzbuchs, wenn ein Erbfall vorhanden gewesen wäre, lediglich zu einem Viertel Erbin geworden. Sie ist aber gar nicht Erbin geworden, weil ein Erbfall nicht eingetreten ist. Denn alles, was Johann Kraut besaß, gehörte zum Gesamtgute, nichts zum Nachlasse. Und selbst wenn man von der irrigen Anschauung ausginge, daß ein Erbfall eingetreten ist und der Nachlaß in dem Anteile des Johann Kraut an dem Gesamtgute bestanden hat, so muß doch geltend gemacht werden, daß Anna Kraut weder aus dem Nachlaß ihres Mannes noch aus dem Gesamtgut irgend einen Vermögenszuwachs erhalten hat. Aus dem gleichen Grunde kann man auch nicht daran denken, daß Anna Kraut haftete, weil sie infolge der Fortsetzung der Gütergemeinschaft das Gesamtgut erhalten hat. Zum Nachweise dessen dient es, auf den zwischen Ferdinand und Anna Kraut geschlossenen Auseinandersetzungsvertrag zurückzugehen, dessen Inhalt ich mir aneigne. Hiemit hat es folgendes Bewandtnis:

Anna Kraut hat zwar nach dem Tode ihres Ehemanns die Gütergemeinschaft mit ihrem Sohne Ferdinand fortgesetzt. Da aber Ferdinand Kraut zumeist auswärts auf Arbeit war und vorhatte, sich bald zu verehelichen, kamen beide im Juli 1901 über die Aufhebung der fortgesetzten Gütergemeinschaft überein. Der von ihnen zu diesem Zwecke abgeschlossene, von dem Notar Müller in Felden am 12. Juli 1901 unter Gesch.-R.-Nr. 616 beurkundete Vertrag lautet, soweit er hieher bezüglich ist, folgendermaßen:

1. „Johann und Anna Kraut, letztere eine geborene Maier, „beide von Felden, haben am 14. Januar 1900 zu „Felden die Ehe geschlossen. Durch diese Ehe ist Ferdinand Kraut, der am 17. Oktober 1878 vorehelich „geborene Sohn der Anna Maier, legitimiert worden. „Bezüglich der Vermögensverhältnisse haben Johann „und Anna Kraut am Tage vor ihrer Verehelichung „zu Urkunde des jetzt amtierenden Notars vereinbart,

„daß die allgemeine Gütergemeinschaft der Güterstand „ihrer Ehe sein soll. In der Ehevertragsurkunde ist „festgestellt, daß Johann Kraut bei der Eheschließung „das Grundstück Pl.-Nr. 1756 der Steuergemeinde „Felden im Werte von 350 ℳ, Anna Maier das „Grundstück Pl.-Nr. 2033 derselben Steuergemeinde im „Werte von 700 ℳ und außerdem Hauseinrichtungs„gegenstände im Werte von 200 ℳ besaß, und daß „beide angehende Eheleute dieses ihr ganzes, voll„kommen schuldenfreies Vermögen ohne Vorbehalt in „die Ehe einbringen und zu Gesamtgut werden lassen „wollen.

2. „Am 12. Mai 1901 ist Johann Kraut unter Hinter„lassung seiner Witwe und seines Sohnes Ferdinand „Kraut gestorben Eine letztwillige Verfügung ist nicht „vorhanden. Die Witwe hat mit dem Sohne bis jetzt „die Gütergemeinschaft fortgesetzt und ein Zeugnis „darüber erwirkt, das der Notar bei den Akten des „Nachlaßgerichts eingesehen hat. Nun soll nach dem „Willen beider die Gütergemeinschaft aufgehoben und „das Gesamtgut geteilt werden. Hiezu wird fest„gestellt:

3. „Aus dem Gesamtgute der allgemeinen Gütergemein„schaft ist nach gerichtlichem Vergleiche vom 1. Februar „1901 — der dem Notar in Ausfertigung vorgezeigt „worden ist — das Grundstück Pl.-Nr. 2033 der „Steuergemeinde Felden ausgeschieden und der Ehefrau „Anna Kraut als Vorbehaltsgut überwiesen worden. „Dagegen lasteten auf dem Gesamtgute folgende Ver„bindlichkeiten:

a) 350 ℳ Darlehensforderung des Schneiders Jakob Billig von Felden, wofür am 4. I. 1901 auf dem Grundstücke Pl.-Nr. 1756 Hypothek eingetragen worden ist.

b) 426 ℳ für Arzt, Apotheke und Leichenkosten aus

Anlaß der Krankheit und des Todes des Johann Kraut.

„Im übrigen ist an der Gesamtgutsmasse bis zum „Tode des Johann Kraut und seither eine Verän-„derung nicht eingetreten. Denn die inzwischen im „Wege der Zwangsvollstreckung auf Pl.-Nr. 1756 ein-„getragene Sicherungshypothek für den Wirt Passeyer „in Asbach zu 300 ℳ wird nicht anerkannt.

4. Die Auseinandersetzung soll wie folgt stattfinden:

a) „Anna Kraut übernimmt das Grundstück Pl.-Nr. 1756 „der Steuergemeinde Felden und die bisher zum „Gesamtgute gehörigen, ohnehin unentbehrlichen „Hauseinrichtungsgegenstände im Anschlage von „200 ℳ zu alleinigem Eigentum.

b) „Ferner übernimmt sie die Hypothek des Jakob Billig „zur dinglichen Haftung und die Arzt-, Apotheker-„und Leichenkosten zur eigenen Vertretung. Die „letzteren Kosten hat sie nach den bei der Beurkun-„dung vorgezeigten Quittungen schon bezahlt. Das „Geld dazu hat sie nach ihrer Angabe von ihrem „Vater Anton Maier gegen Verzicht auf ihren künf-„tigen Erbteil erhalten.

c) „Da hienach Anna Kraut aus dem Gesamtgute Rein-„werte nicht erhalten hat, hat sie auch an Ferdinand „Kraut nichts hinauszuzahlen, beansprucht übrigens „auch ihrerseits von ihm keine Vergütung.

„Ferdinand Kraut bekennt sich mit dieser Art „der Teilung abgefunden, zufriedengestellt und ein-„verstanden."

Im Anschluß an diesen Vertrag gaben beide Teile bezüglich des Grundstücks Pl.-Nr. 1756 die erforderlichen Auflassungserklärungen ab, und es wurde Anna Kraut am 15. Juli 1901 als Alleineigentümerin dieses Grundstücks im Grundbuch eingetragen. Aus all' dem ist ersichtlich, daß Anna Kraut weder formell Rechtsnachfolgerin ihres Mannes geworden ist, noch materiell etwas von ihm erhalten hat, womit sie den von Passeyer erhobenen Ansprüchen gerecht werden könnte. Sie hat freilich dies alles nicht mehr geltend machen können, weil sie zu früh gestorben ist. In ihre Rechte ist nun ihr Sohn Ferdinand eingetreten. Aber auch aus eigenem Rechte kann Ferdinand Kraut die erfolgten Zwangsvollstreckungen bekämpfen. Er ist so wenig wie seine Mutter Erbe seines Vaters geworden. Er hat ferner nach dem Ausgeführten nicht nur von seinem Vater sondern auch von seiner Mutter einen reinen Vermögenswert nicht geerbt und wäre auch mit seinem eigenen schon stark belasteten Grundstücke nicht imstande, die jetzt von Passeyer geltend gemachten Forderungen zu befriedigen.

Hiemit dürfte die Klage schon ausreichend begründet sein. Ich will aber nicht unterlassen, noch einen weiteren Punkt hinzuzufügen. Die Sicherungshypothek für Passeyer auf der Pl.-Nr. 862 der Steuergemeinde Felden scheint mir noch aus einem weiteren Grunde hinfällig. Nach den Vorschriften der Civilprozeßordnung kann der Gläubiger sich bei der Zwangsvollstreckung durch Eintragung einer Sicherungshypothek auf eines der mehreren Grundstücke beschränken oder mehrere Grundstücke zusammen angreifen, doch muß er letzteren Falles die Forderung auf die einzelnen Grundstücke verteilen. Die einmal getroffene Entscheidung des Gläubigers ist unabänderlich. Diese Vorschrift hat Passeyer nicht eingehalten. Er hat erst auf der Pl.-Nr. 2033 seine ganze Schadensersatzforderung und später nochmals auf Pl.-Nr. 862 einen Teil davon eintragen lassen. Das letztere war jedenfalls nicht zulässig. Die Zwangsvollstreckung in das Grundstück Pl.-Nr. 862 ist daher auch aus diesem Grunde zu Unrecht erfolgt.

Ich bitte hienach wiederholt, dem Klagantrage stattzugeben.

Der hierauf zum Wort zugelassene Rechtsanwalt Werner verlas aus seiner Klageschrift den Antrag, zu erkennen:

„Der Beklagte wird verurteilt, anzuerkennen, daß die „auf dem Grundstücke Pl.-Nr. 1756 der Steuergemeinde „Felden im Grundbuche für Felden Bd. VII S. 133 vom „4. Januar bis 12. April 1901 eingetragen gewesene „Hypothek für 350 ℳ Darlehensforderung des Klägers „Jakob Billig nur aus Versehen gelöscht worden ist und „noch zu Recht besteht. Der Beklagte hat einzuwilligen, „daß diese Hypothek mit dem Range vor der am 23. April „1901 zu gunsten seiner Darlehensforderung von 300 ℳ „eingetragenen Sicherungshypothek in das Grundbuch „wieder eingetragen wird. Er hat endlich die Kosten des „Rechtsstreits und der Wiedereintragung der Hypothek des „Klägers zu tragen und zu ersetzen."

Zur Begründung dieser Klage trug Rechtsanwalt Werner vor:

Der Schneider Jakob Billig in Felden hat im Herbste des Jahres 1900 dem Gärtner Johann Kraut daselbst 350 ℳ gegen vierprozentige Verzinsung und vierteljährige Kündigung geliehen. Zur Sicherheit der Forderung wurde auf grund der Bewilligung des Johann Kraut und der Zustimmung seiner Ehefrau am 4. Januar 1901 auf dem Grundstücke Pl.-Nr. 1756 der Steuergemeinde Felden Hypothek an erster Stelle im Grundbuch eingetragen. Am 12. April 1901 wurde diese Hypothek versehentlich gelöscht. Billig hatte für eine ihm an dem Grundstücke Pl.-Nr. 756 des Gärtners Johann Haupt in Felden zustehende Darlehenshypothek von gleichfalls 350 ℳ wegen Zahlung am 12. April 1901 gemeinsam mit dem Schuldner und Eigentümer Haupt in einer notariell beglaubigten Urkunde Löschung beantragt. Bei der Erledigung des Antrags wurde das Grundstück 756 mit dem Grundstücke 1756, Johann Haupt mit Johann Kraut verwechselt und so irriger Weise die Hypothek für die noch fortbestehende Schuld gelöscht. Diese Löschung hatte keinerlei rechtliche Wirkungen. Sie wäre auch sofort rückgängig gemacht worden, wenn sie nicht zu spät entdeckt worden wäre. Jakob Billig entdeckte aber das Versehen erst, als er nach dem Tode des Johann Kraut von dessen Grundbuchblatt Einsicht nahm. Bei der Aufklärung der Sache wurde ihm vom Grundbuchbeamten eröffnet, daß die Wiedereintragung der gelöschten Hypothek nur erfolgen könne, wenn Passeyer, für dessen Forderung inzwischen Sicherungshypothek eingetragen worden ist, seine Zustimmung gebe. Billig ließ nun sofort durch mich den Beklagten Passeyer auffordern, der Sachlage entsprechend seine Einwilligung zu erklären. Passeyer hat aber beharrlich sich geweigert, einzuwilligen. Es blieb sonach nur der Weg der Klage. Die Klage ist vor allem und zunächst ganz unabhängig von den Rechten des Passeyer darin begründet, daß die irrige Löschung keine sachliche Wirksamkeit haben konnte, also das Hypothekenrecht Billigs unberührt ließ. Es besteht lediglich eine Unrichtigkeit des Grundbuchs, und Passeyer ist, weil er an dem Fortbestande dieser Unrichtigkeit kein Recht hat, verpflichtet, zu deren Beseitigung mitzuwirken. Eventuell würde er auch deshalb an der Aufrechthaltung der jetzigen Unrichtigkeit festzuhalten nicht berechtigt sein, weil sein eigenes Recht an der Pl.-Nr. 1756 keinen Boden hat. Ich nehme zum Nachweise dessen zunächst Bezug auf alles, was Rechtsanwalt Hell zur Begründung seiner Klage ausgeführt hat; sodann mache ich geltend, daß die von Passeyer erwirkte Sicherungshypothek an dem Mangel leidet, daß sie die Summe von 300 ℳ nicht überschreitet. Bis zu diesem Betrag ist nach dem Gesetze die Eintragung einer Sicherungshypothek zum Zwecke der Zwangsvollstreckung nicht zulässig. Passeyer, der hienach selbst nicht zu Recht im Grundbuche steht, darf sich der Berichtigung des Grundbuchs nicht widersetzen.

Der Vorsitzende erteilte hierauf das Wort dem Vertreter des Beklagten, Rechtsanwalt Burger. Dieser verlas aus seinen vorbereitenden Schriftsätzen den Antrag, beide Klagen abzuweisen und die Kläger in die Kosten der von ihnen angestrengten Prozesse zu verurteilen.

Zur Begründung führte er aus:

Die Klage des Jakob Billig ist ohne weiteres zur Abweisung reif. Wie seine Hypothek durch die Eintragung erst entstanden ist, so ist sie auch durch die Löschung wieder zu Grunde gegangen. Denn das Eingetragensein im Buche ist für den Bestand der Hypothek wesentlich. Jedenfalls aber braucht sich Passeyer nicht auf die Wiedereintragung einzulassen, denn er hat, wie wohl nicht bestritten werden kann, die Eintragung der Sicherungshypothek auf dem Grundstücke Pl.-Nr. 1756 der Steuergemeinde Felden in dem guten Glauben an die Richtigkeit des Grundbuchs erwirkt. Wäre auf diesem Grundstücke schon eine Vorhypothek von 350 ℳ gebucht gewesen, so würde Passeyer von einem Zugriffe jedenfalls abgestanden haben, weil es ganz richtig ist, daß das Grundstück Pl.-Nr. 1756 nicht mehr als 350 ℳ wert ist. Der Aufstellung, daß der Beklagte Passeyer um deswillen der Berichtigung des Grundbuchs nicht widersprechen dürfe, weil seine eigene Sicherungshypothek nicht bestehe, muß ich entgegentreten. Diese Aufstellung könnte jedenfalls nur von Ferdinand Kraut gemacht werden. Im Munde des Jakob Billig ist sie eine Einwendung aus dem Rechte eines Dritten. Uebrigens ist sie sachlich unbegründet. Ich werde Gelegenheit haben, dies wegen der auch von Ferdinand Kraut aufgestellten Behauptungen später gegen diesen auszuführen. Der Aufstellung aber, daß die Sicherungshypothek wegen der zu geringen Größe der Summe nicht hätte eingetragen werden dürfen, muß ich jetzt schon widersprechen. Die 300 ℳ, zu deren Gunsten die Sicherungshypothek genommen ist, bilden einen Teil der ganzen Forderung zu 700 ℳ. Der Rest zu 400 ℳ ist auf dem Grundstücke Pl.-Nr. 2033 gesichert. Die Forderung ist eben auf die beiden Grundstücke verteilt und bei dieser vom Gesetze geforderten Verteilung muß, was die schutzfähige Summe anlangt, immer auf die ganze Forderung gesehen werden.

Wäre endlich die Anschauung des Klägers Billig richtig, daß es sich nur um eine sachlich belanglose, jederzeit berichtigbare Unrichtigkeit des Grundbuchs handle, so wäre der vom

Kläger eingeschlagene Weg der Klage verfehlt. Billig hätte dann nicht Klage stellen, sondern, wenn das Grundbuchamt die Berichtigung verweigerte, gegen den ablehnenden Bescheid Beschwerde ergreifen müssen.

Was die Klage des Ferdinand Kraut anlangt, so muß ich zunächst bestreiten, daß Johann Kraut, als er in Asbach war, sich in einem die freie Willensbestimmung ausschließenden Zustande krankhafter Störung der Geistesthätigkeit befunden hätte. Es mag sein, daß er vielleicht Keime einer Krankheit in sich trug; ausgebrochen aber war diese Krankheit, wie der Beklagte wohl bemerken konnte, damals noch nicht. Ob später, im Augenblicke der Klagezustellung oder der Zustellung der Urteile Johann Kraut wegen Geisteskrankheit geschäftsunfähig war, weiß der Beklagte nicht und muß es deshalb widersprechen. Wäre aber auch Johann Kraut, was noch einige Wahrscheinlichkeit für sich hat, durch geistige Erkrankung gehindert gewesen, Rechtsmittel einlegen zu lassen, so würden allerdings seine Rechtsnachfolger sich hierauf berufen können. Nur könnten sie das nicht in dem jetzt anhängigen Rechtsstreite thun, der lediglich Einwendungen gegen die Zwangsvollstreckung zum Gegenstande hat und für den deshalb nur der formelle Bestand der Urteile maßgebend ist.

Daß Anna Kraut nicht für die beiden Forderungen Passeyers gehaftet habe, ist unzutreffend. Auch ist es nicht richtig, daß hier reine Forderungen aus unerlaubten Handlungen in Frage waren. Die Darlehensforderung ist offenbar eine Forderung aus einem Vertrag und auch die Schadensersatzforderung beruht schließlich auf einem Vertragsverhältnisse, nämlich dem Umstande, daß Johann Kraut bei dem Gastwirte Passeyer zur Miete wohnte. Ohne dieses Verhältnis wäre der Schaden nicht entstanden. Als Vertragsschulden des Mannes sind aber diese Schulden Gesamtgutsverbindlichkeiten und damit auch Schulden der Frau.

Die Behauptung, daß das Grundstück Pl.-Nr. 2033 vom 1. Februar 1901 ab Vorbehaltsgut der Anna Kraut gewesen sei, bestreite ich. Es ist unbestrittenermaßen in die

Gütergemeinschaft eingebracht worden. Durch den Vergleich vom 1. Februar 1901 hat es die Gesamtgutseigenschaft nicht verloren. Denn dazu hätte es eines Ehevertrags, zu dem Ehevertrag aber der notariellen Beurkundung und außerdem zum Eigentumsübergange der Auflassung und der Eintragung im Grundbuche bedurft. Wäre aber auch ein Ehevertrag im Wege des Vergleichs denkbar und in der Form der gerichtlichen Beurkundung wirksam gewesen, so hätte er doch gegen Passeyer keine Wirksamkeit gehabt, weil dieser von dem Vergleiche nichts wußte, sondern sich auf das Güterrechtsregister und das Grundbuch verließ, in welchen beiden Büchern die Eintragung des Vergleichs unterblieben ist. Uebrigens würde, da Anna Kraut für die Forderungen auch persönlich haftete, die Zwangsvollstreckung in das Grundstück Pl.-Nr. 2033 auch dann zulässig gewesen sein, wenn es als Vorbehaltsgut der Anna Kraut behandelt werden müßte.

Die von Ferdinand Kraut erhobenen Einwendungen gegen die Erteilung der Vollstreckungsklausel sind in diesem Prozesse unzulässig und sachlich unbegründet. Unzulässig in diesem Prozesse deshalb, weil Einwendungen gegen die Erteilung der Vollstreckungsklausel zu gerichtlichen Urteilen überhaupt vom Gesetz auf den Beschwerdeweg verwiesen sind, unbegründet, weil Anna Kraut thatsächlich Rechtsnachfolgerin ihres Mannes, Ferdinand Kraut Rechtsnachfolger seiner beiden Eltern geworden ist. Die Fortsetzung der allgemeinen Gütergemeinschaft durch die Witwe mit den Kindern ist, soweit das Gesamtgut in Frage kommt, in Wirklichkeit eine Rechtsnachfolge ganz analog der Rechtsnachfolge durch Erbschaft. Dazu kommt, daß Anna Kraut Gesetzeserbin ihres Mannes geworden ist und die Erbschaft ihres Mannes nicht ausgeschlagen hat. Das Gleiche gilt von Ferdinand Kraut. Die Vollstreckungsklauseln waren also ganz in Ordnung.

Durch den zwischen Ferdinand und Anna Kraut abgeschlossenen Vertrag über die Aufhebung der fortgesetzten Gütergemeinschaft und die Auseinandersetzung des Gesamtguts, dessen Rechtsbeständigkeit ich nicht bestreite, ist an dem

Rechtsverhältnisse gegenüber Passeyer nichts geändert worden. Mag all' das richtig sein, was in dem Vertrage steht, so konnten doch Anna und Ferdinand Kraut nicht miteinander wirksam vereinbaren, daß Passeyer an sie nichts mehr solle zu fordern haben. Wenn sich ferner Ferdinand Kraut darauf beruft, daß Anna Kraut einen Reinwert aus dem Gesamtgut und er selbst einen Reinwert überhaupt von seinen Eltern nicht überkommen habe, so ist das wohl thatsächlich richtig, aber ich vermag schlechterdings nicht einzusehen, wie das die Klage begründen soll, zumal es sich hier um dingliche Ansprüche handelt.

Die Einwendung, die Ferdinand Kraut gegen die Sicherungshypothek auf der Pl.=Nr. 862 daraus ableitet, daß die Forderung von 2000 ℳ im Zwangswege früher schon einmal ganz auf der Pl.=Nr. 2033 eingetragen war, ist unstichhaltig. Dem Beklagten Passeyer stand jederzeit frei, auf seine Sicherungshypothek ganz oder teilweise zu verzichten. Er hat dies zu dem Betrage von 1500 ℳ gethan; damit ist dieser Betrag für weitere Zwangsvollstreckungen frei geworden.

Der Vorsitzende erteilte hierauf nochmals das Wort dem Rechtsanwalte Werner. Dieser führte aus:

Auf die Einwendung, daß Jakob Billig seine Rechte nicht im Prozeßwege, sondern im Wege der Beschwerde gegen die Entscheidung des Grundbuchamts hätte geltend machen sollen, habe ich zunächst zu erwidern, daß eine Beschwerde schon um deswillen nicht möglich war, weil nicht eine schriftliche Entscheidung des Grundbuchamts sondern nur ein mündlicher Aufschluß des Grundbuchbeamten auf die von Billig gestellte Anfrage vorlag. Jakob Billig hat die Sache vor dem Grundbuchamte nicht weiter verfolgt, weil er sie dort für aussichtslos hielt; übrigens würde auch das Offenstehen des Beschwerdewegs die Beschreitung des Prozeßwegs nicht gehindert haben. Gegenüber der Ausführung, daß die Sicherungshypothek für Passeyer, trotzdem sie nur einen Betrag von 300 Mark zum Gegenstande hat, doch zulässig gewesen sei, weil Passeyers Darlehensforderung im ganzen 700 ℳ betrug und 400 ℳ davon im Verteilungsweg auf dem Grundstücke Pl.-Nr. 2033 versichert sind, ist darauf hinzuweisen, daß die Eintragung der Sicherungshypothek zu 400 ℳ erst am 17. September 1901 erfolgt ist. In dem für Billig maßgebenden Zeitpunkte, am 23. April 1901, wurde überhaupt nur eine einzige Sicherungshypothek eingetragen, nämlich die jetzt angefochtene und diese nur auf den unzulässig niedrigen Betrag von 300 ℳ.

Rechtsanwalt Hell brachte vor:

Ich muß hervorheben, daß die Klage des Ferdinand Kraut keineswegs sich auf formelle Einwendungen gegen die Zwangsvollstreckung beschränkt. Ich habe wohl keinen Zweifel darüber gelassen, daß Ferdinand Kraut auch die den Vollstreckungstiteln zu grunde liegenden Ansprüche gegen Johann und Anna Kraut überhaupt bestreitet. Hiedurch erledigen sich die Einwendungen, daß auf dem Wege der Beschwerde im Zwangsvollstreckungsverfahren oder auf dem Wege einer besonderen Klage zur Feststellung des Nichtbestehens der Ansprüche des Passeyer hätte vorgegangen werden müssen. Denn in dem Rechtsstreite, in dem die Einwendungen gegen den durch das Urteil festgestellten Anspruch selbst geltend gemacht werden, können selbstverständlich alle gegen den Anspruch bestehenden sachlichen Einwendungen und ebenso die daraus sich ergebenden Einwendungen gegen die Vollstreckungsklausel, diese als zugehörige Nebenbeschwerden, vorgebracht werden.

Der Einwand, daß die Forderungen des Franz Passeyer nicht auf unerlaubten Handlungen, sondern auf Vertragsverhältnissen beruhten und deshalb gegen Anna Kraut und ihren Sohn und Erben geltend gemacht werden konnten, ist unbehelflich. Denn gesetzt selbst, es lägen wirklich Forderungen aus Verträgen vor, so wären es doch solche Verbindlichkeiten gewesen, die im Verhältnisse der Ehegatten zu einander dem Manne allein zur Last gefallen wären. Für diese Verbindlichkeiten aber würde in jedem Falle die Frau persönlich nur solange gehaftet haben, als die eheliche Gütergemeinschaft dauerte. Die eheliche Gütergemeinschaft wurde mit dem Tode des Johann Kraut beendet. Von diesem Zeitpunkt an konnte also jedenfalls Anna Kraut nicht mehr in Anspruch genommen werden.

Was endlich die Behauptung des Gegners anlangt, die Vorbehaltsgutseigenschaft des Grundstücks Pl.=Nr. 2033 könne nicht geltend gemacht werden, weil es zum Uebergange des Alleineigentums auf Anna Kraut der Auflassung und Eintragung im Grundbuche bedurft hätte, so ist diese Behauptung dadurch widerlegt, daß auch nach der eigenen Aufstellung des Gegners am 1. Februar 1901 Anna Kraut schon als Alleineigentümerin dieses Grundstücks im Grundbuch eingetragen war.

Auf Befragen durch den Vorsitzenden erklärten die Anwälte übereinstimmend, daß bezüglich der Gesamtgutsmasse und der Nachlaßmassen nur darüber Streit bestehe, ob das Grundstück Pl.=Nr. 2033 der Steuergemeinde Felden noch nach dem 1. Februar 1901 zum Gesamtgute gehört habe, daß im übrigen die Angaben des Klägers über die Zusammensetzung des Gesamtguts und der Nachlaßmassen und den Wert der einzelnen Gegenstände und die Höhe der Forderungen nicht bestritten würden, ferner daß überhaupt alle gegenseitigen thatsächlichen Behauptungen, soweit sie nicht widersprochen worden seien, als zugestanden gelten sollen und endlich, daß kein Teil ein Beweisanerbieten machen wolle, jeder aber auf seinen rechtlichen Ausführungen und seinen Anträgen beharre.

Der Vorsitzende schloß die Verhandlung und beraumte Termin zur Verkündung der Entscheidung auf den 9. Dezember 1901 nachmittags 5 Uhr an.

I. Aufgabe
aus dem Staatsrecht des Deutschen Reichs und des Königreichs Bayern. 1901.

Es ist

1. darzulegen, von welchen Grundsätzen die zur Zeit geltende Regelung des Erwerbs und des Verlusts der Reichs- und Staatsangehörigkeit (Bundesgesetz vom 1. Juni 1870) beherrscht ist, und
2. in eine kritische Würdigung dieser Grundsätze einzutreten, wobei insbesondere die Frage zu prüfen ist, ob und eventuell in welchen Richtungen Aenderungen des geltenden Rechtes zu empfehlen sind.

II. Aufgabe
aus dem Staatsrechte des Deutschen Reichs und des Königreichs Bayern. 1901.

Der Taglöhner Josef Huber in N., K. Bezirksamts X., wurde am 12. Juli 1900 wegen Nichtabhaltens seiner im Alter von 13 bezw. 14 Jahren stehenden Kinder Franz und Maria vom Bettel mit 2 Tagen Haft bestraft, welche er am 26. und 27. Juli 1900 verbüßte. Seine Ehefrau Anna Huber, welche schon früher wiederholt wegen Bettels bestraft worden war, erhielt am 10. Juli 1900 eine neuerliche Haftstrafe von 4 Tagen wegen Ausschickens ihrer Kinder zum Bettel; sie nahm diese Strafe sofort an und erstand dieselbe in der Zeit vom 10. bis 14. Juli 1900.

Die Gemeinde N. stellte beim K. Bezirksamt X. den Antrag auf Ausweisung des Josef Huber, seiner Ehefrau und seiner Kinder Franz und Maria aus der Gemeinde N., da sowohl die Frau wie die Kinder zu den gewohnheitsmäßigen Bettlern gehörten und durch ihre Aufdringlichkeit die Gemeindebewohner in hohem Grade belästigten.

Josef Huber erklärte zu Protokoll des K. Bezirksamtes sein Einverständnis mit der Ausweisung seiner Ehefrau, da dieselbe durch ihren Hang zur Näscherei und zum Bettel die finanziellen Verhältnisse und das Ansehen der Familie zerstöre und auf die Kinder schlecht einwirke, und da deshalb die durch die Ausweisung erzielte Trennung der Frau von der Familie in seinem und seiner Kinder Interesse gelegen sei; von seiner eigenen Ausweisung und derjenigen seiner Kinder bat er Umgang zu nehmen.

Anna Huber ließ durch einen Anwalt eine Vorstellung beim K. Bezirksamte einreichen, worin die Trennung der Frau vom Ehemanne und von den Kindern als unstatthaft und die Ausweisung überhaupt nach jeder Richtung als ungesetzlich bezeichnet wurde.

Das K. Bezirksamt stellte noch fest, daß Josef Huber mit seiner Familie die Heimat in der Gemeinde R., K. Bezirksamts Y., besitze, daß er täglich durchschnittlich 1 ℳ 80 ₰ verdiene und mit Ausnahme der vorerwähnten Bestrafung noch keine gerichtliche Strafe erlitten habe, wie ihm denn sonst überhaupt in keiner Weise Nachteiliges nachgewiesen werden konnte, als höchstens, daß er gegen seine Frau zu nachsichtig war.

Bezüglich dieser letzteren ergaben die bezirksamtlichen Ermittlungen, daß sie in der That zu den aufdringlichsten Bettlerinnen in N. gehöre, ihren Haushalt gänzlich vernachlässige und sich fast den ganzen Tag über mit ihren Kindern auf der Straße umhertreibe, um durch den Bettel ihre und ihrer Kinder Naschgelüste zu befriedigen.

Das K. Bezirksamt X. faßte sodann unterm 15. September 1900 Beschluß dahin:

„1. Anna Huber wird aus der Gemeinde N. auf die Dauer von zwei Jahren — vom 1. Juni 1900 an gerechnet — ausgewiesen.

2. Dem Antrage der Gemeinde N. auf Ausweisung des Josef Huber und seiner Kinder aus der Gemeinde N. wird keine Folge gegeben.

3. Anna Huber hat ihre Vertretungskosten selbst zu tragen; Gebühren bleiben außer Ansatz.“

In den Entscheidungsgründen des bezirksamtlichen Beschlusses wird ausgeführt, daß die gesetzlichen Voraussetzungen in Bezug auf die Zulässigkeit der Ausweisung zwar in der Richtung gegen beide Eheleute gegeben seien, daß aber nur bezüglich der Anna Huber die Annahme als begründet zu erachten sei, daß die öffentliche Sicherheit durch ihre Anwesenheit in N. gefährdet werde, während bezüglich der Kinder zu erwarten sei, daß sie nach Beseitigung des schlimmen Einflusses der Mutter keinen Anlaß zu einer Beanstandung mehr geben würden.

Die Gemeinde N. und Anna Huber legten gegen diesen Beschluß rechtzeitig Beschwerde zur K. Regierung, Kammer des Innern, ein, welche jedoch in ihrem verwaltungsrechtlichen Senate mit Bescheid vom 10. November 1900 beide Beschwerden zurückwies, indem sie sich im Wesentlichen auf die Gründe der Vorinstanz bezog.

Gegen den Regierungsbescheid wurde von der Gemeinde N. und von Anna Huber rechtzeitig Beschwerde zum K. Verwaltungsgerichtshofe eingelegt.

Die Gemeinde N. behauptete unter anderem, daß sie ein Recht auf die Ausweisung des Josef Huber und seiner Kinder habe und stellte weiterhin den Antrag, es wolle die Dauer der Ausweisung der Anna Huber vom 10. Juli 1900 bis 10. Juli 1902 festgesetzt werden, da erst am 10. Juli 1900 das schöffengerichtliche Urteil ergangen und in Rechtskraft erwachsen sei.

Anna Huber fügte ihren früheren Ausführungen noch bei, daß im Falle ihrer Ausweisung auch ihre Kinder ausgewiesen werden müßten, da es wohl nicht in der Absicht des Gesetzes liegen könne, durch die polizeiliche Zwangsmaßregel der Ausweisung eine nach den sonstigen Gesetzen nicht erlaubte Trennung der Mutter von den Kindern durchzuführen.

Aufgabe ist darzulegen, wie der Verwaltungsgerichtshof zu entscheiden hat und wie die Entscheidung zu begründen ist.

Aufgabe

aus dem katholischen Kirchenrechte. 1901.

In der Stadt A., Bezirksamts B., befindet sich eine sogenannte Spitalpfarrei, deren Inhaber im Spitale und in der dazu gehörigen Kirche die seelsorgerlichen und gottesdienstlichen Verrichtungen zu besorgen hat. Bei dieser Pfründe, mit der seit langer Zeit das früher zur Stadtpfarrkirche gestiftete Benefizium St. Oswald vereinigt ist, kommt in allen Erledigungsfällen dem Stadtmagistrat A. das Nominationsrecht, dem Landesherrn das Präsentationsrecht zu.

Zwischen dem Spitalpfarrer H. und dem katholischen Stadtpfarramte A. entstand Streit. Letzteres wollte der Spitalpfarrei nur die Eigenschaft eines von der Stadtpfarrei dependenten Kuratbenefiziums mit dem herkömmlichen, jedoch zu Unrecht geführten Titel einer Pfarrei zuerkennen und beanspruchte außerdem vom Spitalpfarrer als Inhaber des Benefiziums St. Oswald nach dessen Stiftungsbestimmungen einige Assistenzleistungen in der Stadtpfarrkirche. Spitalpfarrer H. hingegen behauptete die volle Unabhängigkeit der Spitalpfarrei von der Stadtpfarrei und bestritt auch die Verpflichtung des Spitalpfarrers zu den erwähnten Assistenzleistungen, da diese infolge der Vereinigung des Benefiziums mit der Spitalpfarrei erloschen sei.

Dieser Streit bewog den Spitalpfarrer H., dessen fassionsmäßiges Einkommen 1727 ℳ betrug, nebenher noch für seine Pfründe den Anspruch auf Anteilnahme an der staatlichen Einkommensaufbesserung anzumelden, was er seither gleich seinen Vorgängern unterlassen hatte.

Ehe aber hierüber eine Entscheidung getroffen war, brannte in einer Nacht das Spital samt Kirche und Pfarrhof vollständig nieder und wenige Tage darnach verstarb Spitalpfarrer H.

Nunmehr trat der Stadtmagistrat A., zugleich namens der von ihm verwalteten Spitalstiftung, mit dem schon früher erwogenen Projekte hervor, behufs Schaffung eines freien Platzes in der enggebauten Stadt das Spital in das der Stadtgemeinde gehörige, im Stadtbezirke gelegene und bisher wenig benützte Gebäude eines früheren Augustinerklosters zu verlegen beziehungsweise die Brandstätte gegen dieses Gebäude zu vertauschen, dabei auch in dem letzteren der Spitalpfarrpfründe als Entschädigung für das Areal des Spitalpfarrhofs ein ständiges Wohnrecht einzuräumen, für die gottesdienstlichen Verrichtungen des Spitalpfarrers die an das Klostergebäude anstoßende Kreuz-Kirche zu bestimmen und an diese zugleich die zur Spitalkirche gestifteten Gottesdienste überzutragen. Weiter regte der Stadtmagistrat an, bis zum Abschluß der Verhandlungen hierüber die Wiederbesetzung der Spitalpfarrei zu verschieben und letztere einstweilen vakant zu stellen.

Gegen die hienach vom Stadtmagistrat gestellten Anträge erhob sich im allgemeinen kein Widerspruch, doch ergaben sich noch in mehrfacher Hinsicht erhebliche Differenzen.

Der Stadtmagistrat, der seither die vermögenslose Kreuzkirche aus städtischen Mitteln baulich unterhalten hatte, betrachtete dieselbe als gemeindliches Eigentum und beabsichtigte, sie mit dem Klostergebäude der Spitalstiftung zu übergeben. Das Stadtpfarramt trat dem entgegen mit der Behauptung, diese Kirche sei Eigentum und Unterlage einer nach der Klosteraufhebung in Vergessenheit gekommenen eigenen Kirchenstiftung, deren Verwaltung erst noch zu regeln sei.

Der vom bischöflichen Ordinariat sofort admittierte Spitalpfarrvikar erklärte, alle Ansprüche und Behauptungen des verstorbenen Spitalpfarrers H. aufrecht halten zu müssen. Komme die Verlegung des Spitals zustande, so bilde eben dessen neues Gebäude zusammen mit der Kreuzkirche den künftigen Bezirk der Spitalpfarrei. Könne aber der Bestand einer unabhängigen Spitalpfarrei nicht anerkannt werden, so stünde doch nichts im Wege, diese Unabhängigkeit bei dem vorliegenden Anlasse förmlich auszusprechen. Eventuell müsse das Spital mit der Kreuzkirche wenigstens als Filialbezirk der Stadtpfarrei gelten oder dazu erklärt werden und auf alle Fälle komme dem Spitalpfarrer, wie seither bei der Spitalkirche, so künftig bei der Kreuzkirche die Kirchenvorstandschaft zu.

Demgegenüber wiederholte das Stadtpfarramt seine obigen Behauptungen bezüglich der Abhängigkeit der Spitalpfarrei von der Stadtpfarrei, die durch die Verlegung des Spitals nicht berührt würde, widersprach sowohl die förmliche Aufhebung dieser Abhängigkeit, wie den Bestand und die Bildung eines eigenen Filialbezirkes bei dem Spitale und wahrte sich auch für den Fall des Zustandekommens des Projektes bei der Kreuzkirche die ihm hier bisher zugestandene Funktion des rector ecclesiae.

Das Ordinariat beschränkte sich auf die Aeußerung, daß es vorbehaltlich der im einzelnen erforderlichen Genehmigungen und Entscheidungen dem Projekte nicht entgegen sei. —

Nach welchen Richtungen kommen Genehmigungen und Entscheidungen bei dieser Sachlage in Frage? Wie bemißt sich hiebei die Zuständigkeit?

Die Beantwortung ist unter Anführung einschlägiger Vorschriften entsprechend zu begründen, ohne Eingehen auf die materielle Würdigung der einzelnen Punkte.

Aufgabe
aus dem protestantischen Kirchenrechte.
1901.

I.

1. In der zur protestantischen Pfarrei Fischbach gehörigen Filialgemeinde Haidhofen hatte sich das Bedürfnis nach Aufstellung eines eigenen Seelsorgers ergeben, weshalb die genannte Gemeinde den Antrag auf Abtrennung von der Pfarrei Fischbach und Errichtung eines ständigen Vikariats in Haidhofen stellte.

Dabei wurde der Nachweis erbracht, daß für das erforderliche gottesdienstliche Lokal, dann für die Deckung der Kosten des regelmäßigen Gottesdienstes sowie für die Aufbringung des vorschriftsmäßigen Vikariatsgehaltes durch die Gemeinde Haidhofen entsprechend Vorsorge getroffen sei. Unter dem zum Unterhalte des Vikars bestimmten Vermögen befand sich ein der Kirchenstiftung Haidhofen gehöriges Wohnhaus mit Garten und 6 Tagwerken Wiesen und Wald.

Dem gestellten Antrage wurde im Einverständnisse mit der kirchlichen Oberbehörde stattgegeben, indem mit Allerhöchster Entschließung vom 10ten Februar 1853 genehmigt wurde, „daß die Filialgemeinde Haidhofen von dem Verbande mit der Pfarrei Fischbach losgetrennt und daß mit den ausgewiesenen Mitteln ein ständiges Vikariat in Haidhofen errichtet werde."

Die in der Folgezeit für dieses Vikariat aufgestellten Geistlichen, die stets von der kirchlichen Oberbehörde ohne staatliche Mitwirkung ernannt worden sind, üben mit Zustimmung der kirchlichen Oberbehörde in Haidhofen Parochialrechte und die volle Seelsorge gleich einem wirklichen Pfarrer unabhängig von einem solchen proprio nomine aus, sie haben selbständige Matrikel- und Siegelführung, sowie den Vorsitz im Kirchenvorstande. Auch führen sie die Vorstandsschaft in der Lokalschulinspektion und als mit ihrem Amte verbundene Funktionen die Vorstandschaft in der Kirchenverwaltung, sowie im Armenpflegschaftsrate. Was das für den Unterhalt des Geistlichen in Haidhofen bestimmte Vermögen betrifft, so wird dieses als Pfarrstiftungsvermögen behandelt und üben die dortigen Vikare die nämlichen Befugnisse aus, wie die Pfarrer gegenüber einem Pfarrvermögen.

2. Die gleichen Zuständigkeiten und Befugnisse, wie die ständigen Vikare in Haidhofen, üben die von der kirchlichen Oberbehörde ebenfalls ohne Mitwirkung der Staatsgewalt zur Aufstellung gelangenden Vikare der Gemeinde Neustadt mit Zustimmung der kirchlichen Oberbehörde aus.

Für die in die protestantische Pfarrei Bruck eingepfarrten Protestanten der Gemeinde Neustadt, welche eine eigene Filialgemeinde nicht bildeten, war s. Zt., nachdem das erforderliche Vermögen für den Unterhalt der Kirchendiener, dann zu den Ausgaben für den Gottesdienst, ferner der Besitz eines entsprechenden gottesdienstlichen Lokales nachgewiesen war, ein eigener Seelsorger im Einverständnisse mit der kirchlichen Oberbehörde durch Allerhöchste Entschließung vom 20. Mai 1857 bewilligt worden, in welcher ausgesprochen war: „daß die Errichtung eines ständigen Vikariats in Neustadt und die Aufstellung eines der Pfarrei Bruck untergebenen exponierten ständigen Vikars genehmigt werde.“

Aufgabe:

Es ist die Frage näher zu würdigen und zu entscheiden, ob und inwieweit die in Haidhofen und Neustadt wirkenden Vikare die erwähnten Zuständigkeiten und Befugnisse nach den in Betracht kommenden kirchenrechtlichen und staatsrechtlichen Bestimmungen auszuüben berechtigt sind, bezw. wem die Berechtigung zur Ausübung der betreffenden Befugnisse zukommt.

Für die Kandidaten der Pfalz gilt der unter Ziff. I 1 und 2 aufgeführte Sachverhalt mit der Maßgabe, daß die Vikare statt des Vorsitzes im Kirchenvorstande und in der Kirchenverwaltung den Vorsitz im Presbyterium führen, dann daß sie zufolge ihrer Stellung nicht Vorstände, sondern Mitglieder des Armenpflegschaftsrates und der Ortsschulkommission sind. Die Kandidaten der Pfalz haben die Aufgabe nach Pfälzer Recht zu bearbeiten.

II.

In der unter I, 1 erwähnten Gemeinde Haidhofen bestand ehemals eine selbständige protestantische Pfarrei, welche im Anfange des 18. Jahrhunderts durch unio per subjectionem mit der protestantischen Pfarrei Fischbach vereinigt wurde, so daß Haidhofen von da an zu Fischbach im Filialitätsverhältnisse stand.

Fischbach wie Haidhofen gehörten ehemals zum früheren Gebiete der Fürstlichen Standesherrschaft N., diese ist seit Jahrhunderten im Besitze des Patronatsrechtes für die Pfarrei Fischbach und hatte auch stets das Patronatsrecht in Ansehung der früheren Pfarrei Haidhofen ausgeübt.

Als die erstmalige Besetzung des um die Mitte des vorigen Jahrhunderts neu errichteten ständigen Vikariats Haidhofen in Frage stand, machte die genannte Standesherrschaft das Recht der Präsentation der Inhaber dieses Vikariats unter Berufung auf § 48 der IV. Verfassungsbeilage mit dem Beifügen geltend, daß sie das Präsentationsrecht in Ansehung der Pfarreien Fischbach und Haidhofen, so lange beide selbständig waren, sodann bezüglich der Pfarrei Fischbach in der später eingetretenen Verbindung mit Haidhofen stets ausgeübt habe, und daß mit Rücksicht hierauf bei Wiedererrichtung einer geistlichen Amtsstelle in Haidhofen, obwohl die Standesherrschaft hiefür keinerlei Beitrag geleistet habe, und auch keinerlei Vermögensbestandteile der Pfarrei Fischbach hiezu verwendet werden, ihr Präsentationsrecht auf diese Stelle ohne weiteres wieder auflebe, zumal da sie für sämtliche geistliche Stellen im standesherrlichen Gebiete das Präsentationsrecht ausübe.

Die Angaben der Standesherrschaft in thatsächlicher Beziehung verhalten sich in Richtigkeit.

Aufgabe:

Es ist unter Zugrundelegung der Bestimmungen des gemeinen Rechtes näher zu erörtern, ob der von der Fürstlichen Standesherrschaft N. erhobene Anspruch als begründet zu erachten ist oder nicht.

Aufgabe
aus dem Polizeirechte. 1901.

Der Baumeister Steiner in B. erhielt am 6. August 1899 vom K. Bezirksamte A. die Bewilligung zur Erbauung eines einstöckigen Wohnhauses auf der Westseite des (ungepflasterten) Mühlwegs in B. Dabei wurde die im Bauplane vorgesehene Dachwohnung unter Hinweis auf die ortspolizeilichen Vorschriften der Gemeinde B. vom 27. Oktober 1890*) gestrichen.

Die Vollendung des Baues wurde am 31. Oktober 1899 dem Bürgermeister von B. und von diesem dem Bezirksamte A. angezeigt. Die von letzterem angeordnete Baukontrole wurde in demselben Jahre nicht mehr vorgenommen.

---

*) § 2 der ortspolizeilichen Vorschriften vom 27. Oktober 1890, die Einführung einer beschränkten Bauweise betreffend, lautet:

„An nachbezeichneten Straßen und Wegen mit geschlossener Bauweise:

. . . .

6) dem Mühlweg

sind Dachwohnungen über dem zweiten Geschosse (mit Einrechnung des Erdgeschosses) unstatthaft."

Am 1. Januar 1900 wurde die Gemeinde B. zufolge Ministerial-Entschließung vom 20. Oktober 1899 der unmittelbaren Stadt A. einverleibt. Der Stadtmagistrat A. nahm sofort eine gründliche Umarbeitung des Baulinienplanes der nunmehrigen Vorstadt B. in Angriff. In dem vom Stadtbauamte aufgestellten Projekte wurde dem Mühlweg die Bedeutung einer Hauptverkehrsstraße verliehen und demgemäß seine Verbreiterung von 12 m auf 24 m — mittelst Auflassung der 12 m breiten Vorgärten auf der Westseite — vorgesehen. Nach längeren Verhandlungen wurde der neue Baulinienplan gegen den Widerspruch des x. Steiner und seiner beiderseitigen Nachbarn in allen Instanzen genehmigt und am 27. Dezember 1900 in der Gemeinderegistratur hinterlegt.

Inzwischen hatte die von einem städtischen Bezirksingenieur vorgenommene Baukontrole ergeben, daß das Steiner'sche Wohnhaus mit gänzlicher Abweichung von dem unterm 6. August 1899 genehmigten Plan ausgeführt war; insbesondere hatte dasselbe statt der planmäßigen Frontlänge von 12 m eine solche von 18 m, ferner eine vollkommen verschiedene innere Einteilung und außerdem die beanstandete Dachwohnung erhalten.

Der Stadtmagistrat forderte deshalb den x. Steiner am 3. Januar 1901 auf, einen der thatsächlichen Ausführung entsprechenden Bauplan zur baupolizeilichen Würdigung einzureichen, welcher Aufforderung der Genannte nach wiederholter Mahnung am 30. April 1901 nachkam. Daraufhin wurde an denselben seitens des Stadtmagistrats das Ansinnen gestellt, vorerst den Vorgarten auf die ganze Länge seines Anwesens am Mühlweg kostenlos, servituten- und lastenfrei an die Stadtgemeinde abzutreten und die hierauf treffenden Kosten der vom Stadtbauamte zu besorgenden Pflasterung im Betrage von 12 487 ℳ bar oder in mündelsicheren Papieren bei der Stadtkasse zu erlegen; der angegebene Kostenbetrag war in einwandfreier Weise nachgewiesen. Da x. Steiner jede Erklärung unterließ, wurde ihm schließlich vom Stadtmagistrate die Erholung der strafrichterlichen Ermächtigung zur Beseitigung des ordnungswidrigen Zustandes angedroht. Daraufhin erschien derselbe beim Magistrate und erklärte, daß er sich unter keinen Umständen zur Abtretung seines umfriedeten Vorgartens und zur Sicherstellung von Straßenherstellungskosten herbeilasse, vielmehr die endliche Bescheidung des eingereichten Planes verlange.

Durch Magistratsbeschluß vom 4. November 1901 wurde die Plangenehmigung wegen mangelnder Sicherung der Straßenherstellung versagt; bezüglich der eigenmächtig hergestellten Dachwohnung war auch noch das ortspolizeiliche Verbot vom 27. Oktober 1890 als Abweisungsgrund angeführt.

Hiegegen erhob Steiner am 15. November 1901 Beschwerde zur K. Regierung, Kammer des Innern, mit folgender Begründung: Es gehe nicht an, einen vor zwei Jahren ausgeführten Bau nach denjenigen Verhältnissen zu beurteilen, welche erst durch die vorjährige Baulinienfestsetzung geschaffen worden seien; übrigens könne ihm letztere deshalb nicht präjudizieren, weil er gegen dieselbe Widerspruch erhoben habe, ganz abgesehen davon, daß dieselbe infolge der Weigerung seiner beiderseitigen Nachbarn, ihre Vorgärten zur Straße abzutreten, doch undurchführbar bleiben werde. Was die beanstandete Dachwohnung betreffe, so müsse er die Giltigkeit der ortspolizeilichen Vorschriften vom 27. Oktober 1890 bestreiten, da die Gemeinden nur für das Gebiet der offenen Bauweise Baubeschränkungen zu erlassen befugt seien, eine Beschränkung der vorliegenden Art auch mit § 25 Abs. 4 der Bauordnung (vgl. § 34 am Eingang) unverträglich sei und die in Rede stehenden Vorschriften jedenfalls mit der Einverleibung der Gemeinde B. in die Stadtgemeinde A. mangels neuerlicher Erlassung ihre Geltung verloren hätten. — Uebrigens beantrage er, im Fall der Abweisung seiner Beschwerde die Akten dem K. Staatsministerium des Innern behufs Dispensation von den ihm auferlegten

Bedingungen (Abtretung des Vorgartens und Sicherung der Straßenherstellung), sowie von dem Verbote der Dachwohnung vorzulegen, da es gewiß als unbillige Härte erscheine, wenn den Bewohnern kleiner Vororte, die ohnedies infolge der städtischen Bedürfnisse zu großen Aufwendungen genötigt werden, solch schwere Opfer zugemutet würden. — Für alle Fälle behalte er sich vor, den am 30. April 1901 eingereichten Bauplan zurückzuziehen und das Gebäude genau nach dem bezirksamtlich genehmigten Plane umzubauen, in welchem Falle ihm keinerlei weiteren Auflagen gemacht werden könnten.

Der Stadtmagistrat veranlaßte das Stadtbauamt zur Aeußerung über die Beschwerde. Dasselbe erstattete folgendes Gutachten: Die Auflage der Grundabtretung und Straßenherstellung sei gerechtfertigt, da durch die in Aussicht genommene Verbreiterung des Mühlweges dessen Bebauungscharakter vollständig verändert, sohin eine neue Bauanlage geschaffen werde. Steiner habe allen Grund, für die ihm ungeachtet seiner Eigenmacht bewiesenen Milde dankbar zu sein; denn die Stadtgemeinde wäre befugt gewesen, die Grundabtretung und die Sicherung der Pflasterung nicht bloß auf die Länge seines Anwesens und für die halbe Breite der Straße, sondern für die gesamte bebaute und unbebaute Strecke des Mühlweges von der nächst oberen bis zur nächst unteren Querstraße zu beanspruchen. Was sodann die ortspolizeilichen Vorschriften vom 27. Oktober 1890 betreffe, so seien dieselben aus sanitären Gründen seinerzeit erlassen worden und noch heute gerechtfertigt. — Gegen eine Dispens des Steiner müsse im gemeindlichen Interesse entschieden Verwahrung eingelegt werden. — Wenn aber dieser von einer Zurückziehung seines Bauplanes spreche, so beachte er nicht, daß er seinerzeit nicht den bezirksamtlich genehmigten, sondern einen davon völlig verschiedenen Bau aufgeführt habe, daß sohin die bezirksamtliche Baugenehmigung gemäß § 76 der Bauordnung vom 31. Juli 1890 beziehungsweise vom 17. Februar 1901 erloschen, und folgeweise eine Umgestaltung des Baues nach dem genehmigten Plane überhaupt nicht ohne weiteres zulässig sei; deshalb, und weil andererseits für den thatsächlich bestehenden Bau eine Genehmigung nicht erteilt sei, könne der ordnungsgemäße Zustand nur durch gänzliche Beseitigung des Bauwerks oder durch Erfüllung der von der Stadtgemeinde gesetzten Bedingungen hergestellt werden.

Der Stadtmagistrat unterbreitete die Verhandlungen nunmehr der vorgesetzten Regierung, Kammer des Innern, unter Berufung auf das Gutachten des Stadtbauamtes.

Die Probearbeit hat eine erschöpfende rechtliche Beurteilung des Falles zu bieten; insbesondere sind sämtliche in der Aufgabe berührten Gesichtspunkte zu erörtern.

Die Darstellung in einer Form des amtlichen Verkehrs (in der Form eines Berichts, einer Entschließung ꝛc.) ist erlassen.

Aufgabe
aus der Volkswirtschaftslehre und der Sozialgesetzgebung. 1901.

I.

Schreinermeister Glatt in N. betreibt eine Möbelschreinerei, in welcher er durchschnittlich 4 Arbeiter und zum Antrieb der Arbeitsmaschinen einen Gasmotor verwendet. Glatt ist, da sein Betrieb hienach der Unfallversicherungspflicht unterliegt, Mitglied der Bayerischen Holzindustrie-Berufsgenossenschaft.

Bei einer Revision des Betriebes, die am 1. Juni 1900 durch den Beauftragten der Berufsgenossenschaft vorgenommen wurde, bemerkte dieser, daß an zwei Holzbearbeitungsmaschinen die durch § 13 der berufsgenossenschaftlichen Unfallverhütungsvorschriften*) angeordneten Ausrückvorrichtungen fehlten. Der Beauftragte machte den Glatt sofort hierauf aufmerksam und bezeichnete genau die an den beiden Maschinen nötigen Aenderungen.

Inzwischen hatte die Berufsgenossenschaft in der gesetzlich vorgeschriebenen Form und mit Genehmigung des Landesversicherungsamtes eine Revision ihres Gefahrentarifs für die Jahre 1900 und 1901 vorgenommen. Im Januar 1901 erhielt Glatt zum Zwecke der Neuveranlagung seines Betriebes zu den Gefahrenklassen den üblichen Fragebogen zugestellt, den er mit den geforderten Angaben über die Verhältnisse seines Betriebes ausfüllte und an den Genossenschaftsvorstand zurücksandte. Hienach werden sämtliche Arbeiter gelegentlich an den vorhandenen Maschinen beschäftigt; die höchste für sämtliche Arbeiter in Betracht kommende Gefahrenklasse ist die Klasse S mit der Gefahrenziffer 100.

Am 15. April 1901 erhielt Glatt einen Auszug aus der Heberolle der Genossenschaftsbeiträge für 1900 zugestellt, woraus er sah, daß sein Betrieb unter Hinweis auf seine eigenen Angaben zur Gefahrenziffer 100 eingeschätzt, jedoch wegen Nichtbeachtung des § 13 der Unfallverhütungsvorschriften ein Zuschlag von 50 % gemacht und demgemäß der Beitragsberechnung die Gebührenziffer 150 zu grunde gelegt war.

Gegen diesen Heberollenauszug legte Glatt Verwahrung ein, die vom 18. April 1901 datiert war und am 20. dess. Mts. beim Genossenschaftsvorstand einlief. Hierin erklärte Glatt, die Gefahrenziffer 100 sei für seinen Betrieb zu hoch gegriffen; er bediene in der Regel seine Maschinen selbst, seine Arbeiter seien an denselben nur vorübergehend, im

*) § 13 lautet: Alle von Wellenleitungen betriebenen Arbeits- und Werkzeugmaschinen bezw. deren Vorgelege müssen thunlichst mit fester und loser Riemenscheibe sowie mit einer zuverlässigen Ausrückvorrichtung versehen sein, welche vom Standort des Arbeiters leicht zu erreichen ist.

ganzen Jahr höchstens 40—45 Tage beschäftigt. Auch der Zuschlag sei nicht gerechtfertigt; die vom Beauftragten verlangten Vorrichtungen seien unpraktisch und hätten nicht angebracht werden können; hierüber habe er mit dem Beauftragten noch gelegentlich Rücksprache nehmen wollen. — Er verlange daher Aufhebung des Zuschlags und eine der Zahl der Arbeitstage, während deren Arbeiter an den Maschinen beschäftigt seien, entsprechende Herabsetzung der Gefahrenziffer.

In einer Erwiderung, die dem Glatt am 22. April zukam, lehnte der Genossenschaftsvorstand diese Anträge ab. Die Einschätzung zum Gefahrentarife entspreche den Angaben des Glatt und dem geltenden Tarife; bezüglich des Zuschlages stehe ihm die Beschwerde zum K. Landesversicherungsamte offen.

Bei letzterem lief am 5. Mai 1901 eine Beschwerde des Glatt ein, in welcher die Behauptungen und Anträge der Verwahrungsschrift vom 18. April wiederholt waren und außerdem bemerkt wurde, der Genossenschaftsvorstand habe ihm ungesetzlicher Weise vor Zustellung des Heberollenauszugs keine Mitteilung davon gemacht, daß ein Zuschlag zur Gefahrenziffer in Aussicht stehe, da er sonst hiegegen sofort Beschwerde ergriffen haben würde. Der Genossenschaftsvorstand, vom Landesversicherungsamte zur Aeußerung aufgefordert, bestritt seine Verpflichtung zu einer solchen vorgängigen Verständigung, nahm auf seine früheren Erklärungen Bezug und bezeichnete die Beschwerde, soweit sie sich gegen den Zuschlag richtet, im Hinblick auf § 116 des Gewerbe-Unfallversicherungsgesetzes als verspätet, im Uebrigen als unzulässig.

Die Entscheidung des K. Landesversicherungsamtes ist zu entwerfen. Auszug aus dem Gefahrentarif der Holzindustrie-Berufsgenossenschaft liegt an.

Hat dieses Amt seine Entscheidung im Bureauwege, in öffentlicher oder nichtöffentlicher Sitzung zu erlassen, und in welcher Besetzung mit ständigen, nichtständigen und richterlichen Mitgliedern?

II.

In welcher Weise können die auf grund des Invalidenversicherungsgesetzes errichteten Versicherungsanstalten zur Hebung des Wohnungsmangels und der daraus entspringenden Mißstände bei den arbeitenden Klassen der Bevölkerung beitragen?

Nach welchen rechtlichen und sozialpolitischen Gesichtspunkten bemißt sich diese Mitwirkung der Versicherungsanstalten?

Auszug aus dem Gefahrentarif

der

Bayer. Holzindustrie-Berufsgenossenschaft.

Giltig für die Umlageberechnung für das Jahr 1900 und folgende.

I. Uebersicht.

Gefahrenklasse	Gefahrenziffer	Gefahrenklasse	Gefahrenziffer
A	5	M	70
B	10	N	75
C	15	O	80
D	20	P	85
E	25	Q	90
F	30	R	95
G	40	S	100
H	50	T	110
I	55	U	115
K	60	V	120
L	65		

II. —

III. Sonstige Bestimmungen und Erläuterungen.

1. Meister, Aufseher, Vorarbeiter werden in dieselbe Gefahrenklasse eingeschätzt, in welcher sich der Höchsteingeschätzte ihrer Untergebenen befindet.
2. Arbeiter, welche abwechselnd verschiedene Arbeiten verrichten, werden nach der gefährlichsten von diesen eingeschätzt.
3. Die Gefahrenziffern im Tarife nicht aufgeführter Thätigkeiten und Verrichtungen setzt der Genossenschaftsvorstand fest, doch sollen diese die Zahl 150 nicht überschreiten.
4. Liegen in einem Betriebe ungewöhnliche Gefahren vor, fehlen Schutzvorrichtungen, oder ist aus einem erheblichen Uebersteigen der durchschnittlichen Unfallziffer nach der Unfallstatistik auf das Vorhandensein mangelhafter Einrichtungen unzweifelhaft zu schließen, so ist erhöhte Gefahr als gegeben zu erachten, und ist die Gefahrenziffer für einen solchen Betrieb um 10—200 % zu erhöhen. (Unterm 29. Mai 1893 wurde die Erhöhung dieses Zuschlages bis 200 % seitens des K. B. Landesversicherungs-Amtes genehmigt.)
5. Bei Zuteilung der Arbeiter zu den Gefahrenklassen sind normale Betriebsverhältnisse, sowie gute regelrechte Einrichtungen und das Vorhandensein aller vom Genossenschaftsvorstande empfohlenen Schutzvorrichtungen vorausgesetzt.
6. Unter Motorenbetrieb sind nicht allein diejenigen Betriebe zu verstehen, in welchen elementare Kräfte, (z. B. Dampf, Gas, Wasser, Wind rc.) zur Verwendung kommen, sondern auch solche Betriebe, deren Maschinen durch tierische Kräfte bewegt werden (z. B. im Göpelbetrieb).
7. Gemäß § 146 des Gewerbe-Unfallversicherungsgesetzes vom 30. Juni 1900 ist der Genossenschaftsvorstand befugt, gegen Betriebsunternehmer Geldstrafen bis zu fünfhundert

Mark zu verhängen, wenn deren Erklärungen zur Veranlagung ihrer Betriebe zu den Klassen des Gefahrentarifes Angaben enthalten, deren Unrichtigkeit ihnen bekannt war, oder welche bei Anwendung angemessener Sorgfalt hätten vermieden werden können.

I. Aufgabe aus der Staatsfinanzwirtschaft.

I. Welche Gründe sprechen für, welche gegen die Einführung einer Steuer auf Inserate?

II. Nach welchen Gesichtspunkten hätte die Veranlagung einer Inseratensteuer zu erfolgen, in welchen Fällen wäre eine Befreiung von derselben veranlaßt?

III. Würde eine Inseratensteuer sich besser zu einer Landessteuer oder zu einer Reichssteuer eignen?

IV. In welcher Weise hätte die Einhebung einer Inseratensteuer stattzufinden?

II. Aufgabe aus der Staatsfinanzwirtschaft.

Kommerzienrat Adolf Maier, Vorstand des Aufsichtsrats der im Jahre 1893 in eine Aktiengesellschaft umgewandelten, früher ihm gehörigen Holzstoffabrik in Kempten und Teilhaber der offenen Handelsgesellschaft „Gebrüder Maier, Papierfabrik in Nürnberg", zeigte im April 1898 bei dem Rentamte Kempten an, daß er mit 1. Mai 1898 seinen Wohnsitz in Kempten und in Bayern aufgebe, da er gezwungen sei, aus Gesundheitsrücksichten seinen dauernden Aufenthalt in südlichen Gegenden zu nehmen. Zugleich ersuchte er, seine für die Steuerperiode 1898/99 rechtskräftig aus 80000 ℳ Renten festgesetzte Kapitalrentensteuer auf denjenigen Betrag herabzusetzen, welcher seinen aus Bayern bezogenen Renten zu jährlich 40000 ℳ entspreche. Diesem Antrage wurde stattgegeben.

In der von ihm zur Kapitalrentensteueranlage für die Steuerperiode 1900/01 bei dem Rentamte Kempten eingereichten Steuererklärung de dato Meran den 17. November 1899 gab er an, daß er im ganzen 80000 ℳ, aus Bayern aber infolge geschäftlicher Transaktionen nur mehr 30000 ℳ Kapitalrenten beziehe, hievon jedoch im Hinblick auf Art. 4 Ziffer 9 und Art. 6 des Kapitalrentensteuergesetzes vom 9. Juni 1899 nachstehende Posten in Abzug bringe:

1. 5000 ℳ Gewinnanteil aus einem von ihm als stillen Gesellschafter bei der Holzstoffabrik N. N. in Ruhpolding eingelegten Kapital von 100000 ℳ;
2. 4000 ℳ Zinsen, welche er als Teilhaber der Papierfabrik „Gebrüder Maier“ in Nürnberg von seiner Kapitalseinlage zu 100000 ℳ gutgeschrieben und ausbezahlt erhalten habe;
3. 3500 ℳ Zinsen aus bayerischen Staatspapieren zu 100000 ℳ, die er für die Firma „Gebrüder Maier“ als Sicherheit ihres Kontokurrentkredites bei der K. Bank in Nürnberg hinterlegt habe;
4. 6000 ℳ Zinsen aus einem von einem Vater ererbten, auf einem Anwesen in Nürnberg versicherten Hypothekkapital von 150000 ℳ, da die Zinsen hieraus zufolge der testamentarischen Verfügung seines Vaters seiner Tante Lilli Maier in Nürnberg auf deren Lebensdauer zum Bezuge überwiesen seien.

Hienach ersuche er, seine Kapitalrentensteuer aus 11500 ℳ Renten zu berechnen.

Der Steuerausschuß bei dem Rentamte Kempten setzte jedoch mit Beschluß vom 20. Dezember 1899 die Kapitalrentensteuer des Kommerzienrats Adolf Maier für die

Steuerperiode 1900/01 unter Ablehnung der geltend gemachten Abzüge auf 1050 ℳ aus 30000 ℳ Renten fest.

Hiegegen legte Maier rechtzeitig und rechtsförmlich Berufung ein, worin er seinen Antrag auf Zulassung der bezeichneten Abzüge erneuerte.

Weiter langten rechtzeitig Berufungen ein

a) von der Gemeinde Kempten mit dem Antrage, die Steuer wieder, wie pro 1898/99, aus 80000 ℳ Kapitalrenten festzusetzen, da Kommerzienrat Maier seinen Wohnsitz in Kempten nicht aufgegeben habe, vielmehr alljährlich wiederholt dort sich aufhalte und wohne,

b) von der Gemeinde St. Zeno, K. Rentamts Berchtesgaden, weil der Steuerausschuß unterlassen habe, eine Ausscheidung der festgesetzten Kapitalrentensteuer auf die Gemeinde St. Zeno vorzunehmen, obwohl Kommerzienrat Maier in derselben ein Gut besitze, öfters wohne und eine Villa sich erbaut habe, die er demnächst beziehen werde,

c) von der Stadtgemeinde München mit dem Antrage, die Hälfte der Steuer zum Zwecke der Umlagenerhebung auf München auszuscheiden, da Maier, so oft er in den letzten Jahren in Bayern verweilte, sich gewöhnlich in München aufgehalten habe.

Die Sache kam, nachdem der Steuerausschuß eine Abänderung seines Beschlusses abgelehnt hatte, an die Berufungskommission. In deren Sitzung wurde auf grund der gepflogenen Erhebungen in thatsächlicher Beziehung folgendes konstatiert:

1. Maier, bayerischer Staatsangehöriger, hat im Mai 1898, nachdem er zuvor seine Wohnung im Direktionsgebäude der Holzstoffabrik zu Kempten geräumt und einen Teil der Möbel an seinen Sohn, den Direktor der Fabrik, verschenkt oder verkauft, den Rest aber in einem Magazine dortselbst untergebracht hatte, Bayern

verlassen und zunächst Kärnthen, Tyrol und die Schweiz bereist. Im Herbst hielt er sich in Meran, im Winter und Frühling 1898/99 in Italien an verschiedenen Orten der Riviera auf. Im Mai 1899 kam er zum Kurgebrauche nach Reichenhall. Während seines Aufenthalts daselbst kaufte er ein in der benachbarten Gemeinde St. Zeno gelegenes Bauerngut, stellte zu dessen Bewirtschaftung einen Verwalter auf und traf die Vorbereitungen zum Baue einer Villa. Hierauf bereiste er die Schweiz und Frankreich und verbrachte sodann im August und September fünf Wochen in Kempten mit der Leitung der Fabrik an Stelle seines zu einer militärischen Uebung einberufenen Sohnes. Nach einem vierzehntägigen Aufenthalte in München verweilte er im Herbst, Winter und Frühjahr 1899/1900 wieder in Meran und an der Riviera. Im Mai 1900 kam er nach St. Zeno bei Reichenhall, ließ die inzwischen fertiggestellte Villa mit den aus Kempten übersandten und mit neuen Möbeln ꝛc. ausstatten und bezog dieselbe im Juni mit der ausgesprochenen Absicht, dort sich dauernd niederzulassen. Sowohl 1898 wie 1899 war er außerdem wiederholt — und zwar jeweils 3—8 Tage — in Kempten, in München und in St. Zeno. In München nahm er als Vorsitzender des Aufsichtsrats der Aktiengesellschaft Holzstoffabrik Kempten an 12 Sitzungen teil, in St. Zeno kontrollierte er die Bewirtschaftung des gekauften Anwesens und den Bau der Villa. Seine Wohnung nahm er im In- und Auslande gewöhnlich in Hotels; in Kempten wohnte er jedoch jeweils bei seinem Sohne und in St. Zeno seit 6. Juni 1899 in einem auf dem angekauften Anwesen befindlichen Gebäude, das er zur vorläufigen Unterbringung seines Haushalts im bäuerlichen Stile hatte her- und einrichten lassen. Seine Gattin und Tochter befanden sich stets mit Dienerschaft bei ihm.

2. Steuern hat Kommerzienrat Maier außerhalb Bayern für seine Kapitalrenten oder Kapitalien nicht entrichtet.

3. die Tante Lilli Maier hat die ihr testamentarisch zugewiesenen Zinsen zu jährlich 6000 ℳ (s. Ziff. 4 der Fassion) zur Besteuerung nicht angemeldet.

4. Zu den Berufungen der Stadtgemeinde München, dann der Gemeinden Kempten und St. Zeno gab Kommerzienrat Maier die Erklärung ab, daß er gegen eine Steuerausscheidung auf München und St. Zeno protestieren müsse, nachdem er durch Einreichung seiner Steuererklärung bei dem Rentamte Kempten bereits seinen Willen kund gegeben habe, seine Kapitalrentensteuer und die Umlagen hieraus in der Gemeinde Kempten zu entrichten; übrigens sei er auch in letzterer nach der Plenarentscheidung des Verwaltungsgerichtshofs vom 4. Juli 1888 — Sammlung Bd. X S. 245 — nicht umlagenpflichtig. Die Frage der Steuerpflicht seiner nicht aus Bayern bezogenen Renten aber könne keinen Gegenstand der Entscheidung für die Berufungskommission mehr bilden, nachdem in dieser Hinsicht zwischen ihm und dem Steuerausschusse vollständige Uebereinstimmung bestehe und mangels einer Berufung des ärarialischen Vertreters Rechtskraft vorliege.

Wie ist unter der Voraussetzung, daß die thatsächlichen Angaben in der Steuererklärung vom 17. November 1899 richtig sind, von der Berufungskommission zu entscheiden? Die Gründe sind unter Angabe der gesetzlichen und sonstigen geltenden Bestimmungen kurz darzulegen.

Praktischer Fall

aus dem Gebiete der inneren Verwaltung. 1901.

I.

1. Die katholische Stadtpfarrei Sct. Gertraud in der unmittelbaren Stadt N. im rechtsrheinischen Bayern besitzt von Alters her ein besonderes Pfründevermögen, das sog. „Frauengut". Dieses besteht aus dem „Frauenholz", einer über 100 Tagwerk großen Waldung, und aus dem „Frauenfond" d. i. einem Kapitalvermögen, das aus dem Erlöse verkaufter Walderträgnisse allmählich angesammelt worden ist.

Ein frommer und wohlhabender Bürger, Hans Wohlfarth, hatte diesen Wald der Pfarrei Sct. Gertraud zum Geschenke gemacht und hierüber im Stiftungsbriefe vom 16. April 1520 folgendes bestimmt:

„Bekenne ich, Hans Wohlfarth, für mich und meine Erben mit diesem offenen Brief und will, daß es offenbar und kund allen meniglich, die ihn lesen, daß ich mit guter Vernunft, mit Rat und Willen meiner Erben, auch mit Vernehmen des würdigen Herrn Vitus Steidle, derzeit Pfarrer zu Sct. Gertraud in N., zu der bemeldten Pfarre und Widdumgut meinen im Stadtbezirke N. gelegenen Wald ..... (folgt die Beschreibung) ..... zugeeignet und gewidmet habe, daß ein jeglicher Pfarrer von Sct. Gertraud zu ziemlicher und mäßiger Notdurft Holz zum Bauen und Feuerwerk vor seine Behausung zu gebrauchen habe."

„Also setze ich den obgemeldten Pfarrer und alle seine Nachkommen zu ewigen Zeiten in rechte nützliche Gewalt und Gewehre, das alles, wie oben berührt, zu genießen und zu gebrauchen. Es soll auch diesem Stiftsbriefe kein Abbruch geschehen und vertraue ich zu dem ehrsamen Rate meiner Vaterstadt N., daß seine Aufseher einen solchen nicht zulassen."

Die Urkunde ist in N. verfaßt worden und mit Siegel und Unterschrift des Stifters versehen. Eine Bestätigung durch den Rat der damals reichsunmittelbaren Stadt N. ist nicht beigefügt. Auch aus späterer Zeit sind Nachweise für eine ausdrückliche landesherrliche Genehmigung der Stiftung nicht vorhanden. Indessen ist sie in der Folgezeit unter der Aufsicht des Stadtrates zum Vollzuge gelangt. Der Wald wurde unter forsttechnische Leitung gestellt und planmäßig bewirtschaftet.

Bis zum Anfange des vorigen Jahrhunderts bezog jeder Pfarrer aus dem Frauenholze jährlich 20 Klafter Brennholz, dann soviel Bauholz, als er zur Erfüllung der ihm obliegenden Baulast an den Pfarrgebäuden bedurfte. Alles nicht zum unmittelbaren Verbrauche bestimmte und benötigte Bau- und Brennholz, namentlich ein etwaiger außerordentlicher Holzanfall, wie ein solcher z. B. bei Windbruch oder Raupenfraß sich ergab, wurde regelmäßig öffentlich versteigert und der Erlös hieraus verzinslich angelegt. So entstand der Frauenfond, dessen Zinsen dem Pfarrer zuflossen, der auch das Frauengut verwaltete.

Von den Veränderungen, welche die Säkularisation für das kirchliche Vermögen sonst zur Folge hatte, blieb das Frauengut im allgemeinen verschont. Zwar wurden die Stadtpfarreien in N. zum Teil neu organisiert und dotiert, allein bezüglich der Stadtpfarrpfründe Sct. Gertraud hatte Seine Durchlaucht der Kurfürst von Bayern unterm 20. Dezember 1805 verordnet, „daß ein jeweiliger Pfarrer nicht gehindert sein solle, das Frauengut, sowie es stiftungsgemäß und hergebracht ist, zu verwalten und zu genießen.“ Nur hinsichtlich der Baupflicht am Pfarrhofe trat eine Aenderung insoferne ein, als die vorerwähnte kurfürstliche Resolution gleichzeitig verfügt hatte, daß die gesamte Baulast an den kath. Kultusgebäuden von Sct. Gertraud (Pfarrkirche, Pfarrhof und Mesnerhaus) künftig von der dortigen kath. Kirchenstiftung, deren Vermögen zu diesem Behufe aus den säkularisierten Gütern einer aufgehobenen Nebenkirche wesentlich vermehrt worden war, zu tragen sei.

2. Im Jahre 1824 mußten die Oekonomiegebäude des Pfarrhofes einer größeren Ausbesserung unterzogen werden.

Der Stadtmagistrat N. als Verwalter der kath. Kirchenstiftung Sct. Gertraud stellte an den damaligen Stadtpfarrer das Ansinnen, das nötige Bauholz unentgeltlich aus dem Pfarrwalde zu liefern. Der gedachte Pfründebesitzer wollte anfänglich diesem Verlangen nicht entsprechen, allein nachdem das bischöfliche Ordinariat ein Entgegenkommen wünschte, so gab er seinen Widerspruch auf; es wurden dann mit Genehmigung des vorgesetzten Generalkreiskommissariats einige Hochstämme aus dem Frauenholze zu dem angegebenen Zwecke verabfolgt.

Auch im Jahre 1835 hat der Stadtpfarrer zur teilweisen Erneuerung der Fußböden in der Pfarrerswohnung das notwendige Nutzholz auf Ersuchen der Kirchenverwaltung dem Frauenholze ohne Entgelt entnehmen lassen, um Weiterungen zu vermeiden, und weil der Bedarf nicht eben groß war. Als jedoch im Jahre 1852 der Pfarrhof von Sct. Gertraud infolge eines Blitzschlages ein Raub der Flammen geworden und ein völliger Neubau aufzuführen war, lehnte der Pfarrer die Abgabe von Holz mit der Begründung ab, daß die Baupflicht der Kirchenstiftung obliege und daß er sich zu einer freiwilligen Verabreichung des verlangten Bauholzes nicht verstehen könne, da von einer solchen in Anbetracht des augenblicklichen bedeutenden Bedarfs auf längere Zeit hinaus ein erheblicher Ausfall an Holzerträgnissen zu gewärtigen sei. Die Kirchenverwaltung wußte jedoch ihren eindringlichen Vorstellungen über die Unzulänglichkeit der Kirchenstiftungsmittel und die Billigkeit ihrer Forderung sowohl bei der oberhirtlichen Stelle als auch bei der K. Kreisregierung Gehör zu verschaffen, sodaß mit Regierungsentschließung vom 15. August 1852 dem Antrage auf unentgeltliche Ablassung des gesamten zum Pfarrhofbaue benötigten Bauholzes aus dem Pfarrwalde stattgegeben und daraufhin der Pfarrer zum entsprechenden Vollzuge angewiesen wurde. Infolgedessen gelangten soviele Baustämme im Pfarrwalde zur Fällung, daß an einen Nutzholzanfall in den nächsten Jahren nicht mehr zu denken war, ja daß sogar das Frauenholz das dem Pfarrer gebührende jährliche Brennholz kaum mehr abzuwerfen vermochte.

Seitdem sind nennenswerte Baufallwendungen nicht mehr vorgenommen worden. Dagegen ist der jetzige bauliche Zustand des Pfarrhofes ein solcher, daß nach den bereits vorliegenden und kuratelamtlich genehmigten Beschlüssen der kath. Kirchenverwaltung Sct. Gertraud wenn möglich schon im Jahre 1902 an eine Beseitigung der vorhandenen Mißstände herangetreten werden soll. Die Ausführung des genehmigten Umbauprojekts erfordert einen Kostenaufwand von 6000 ℳ, wovon 2000 ℳ für Bauholz vorgesehen sind.

3. Nach der letztrevidierten und von der K. Regierung im Einverständnisse mit dem bischöflichen Ordinariate genehmigten Fassion der kath. Stadtpfarrei Sct. Gertraud vom Jahre 1890 hat der jeweilige Pfarrer jährlich 60 Ster Scheit- und Prügelholz — der Ster zu 5 ℳ angeschlagen — aus dem Frauenholze zu beziehen. Die Kosten der technischen Betriebsleitung, Holzgewinnung, Aufforstung sowie des Forstschutzes hat der Pfründebesitzer zu tragen. Zur Bestreitung derselben im Jahresanschlage von 100 ℳ erhält er jedoch weitere 20 Ster Brennholz im gleichhohen Wertanschlage. Auf der Grundlage dieser Fassion ist der jetzige Stadtpfarrer Holzmann in den Besitz der Pfarrpfründe im Jahre 1895 eingewiesen worden.

In dem von der K. Regierung genehmigten Wirtschaftsplan für den Pfarrwald, der für den Zeitraum von 1895 1904 aufgestellt ist, sind an jährlichen Haupt- und Zwischennutzungen 80 Ster vorgesehen, wovon 60 Ster Brennholz dem Pfarrer als Dienstbezug zukommen und 20 Ster zur Bezahlung der obenerwähnten Ausgaben bestimmt sind.

4. Bei der Abhör der Kirchenstiftungsrechnung für 1900, welche im Frühjahre 1901 von der Kirchenverwaltung Sct. Gertraud gepflogen wurde, führte ein Mitglied darüber Klage, daß in den letzten 3 Jahren im Frauenholze ungewöhnlich viel Baustämme geschlagen worden seien und daß dem Pfarrer aus deren Veräußerung an Holzhändler ein

nicht unerheblicher Geldgewinn erwachsen sei. Wenn so fortgewirtschaftet werde, würde es voraussichtlich nicht mehr möglich sein, zu Baufallwendungen an den Pfarrgebäuden im Pfarrwalde das nötige Bauholz zu erhalten, und die Kirchenstiftung sei dann zur Erfüllung ihrer Baupflicht gezwungen, solches um teueren Preis zu beschaffen. Da diese Bedenken Zustimmung fanden, wurde von der Kirchenverwaltung in Abwesenheit des an der Sache beteiligten Pfarrvorstandes einstimmig beschlossen, hiegegen Schritte zu thun und dahin zu wirken, daß künftig alles im Frauenholze anfallende Bauholz, insoweit es nicht unmittelbare Verwendung zu finden habe, zu Gunsten der Kirchenstiftung verwertet und der Erlös zur Bildung eines Baufonds behufs Unterhaltung der Pfarrgebäude verwendet werde.

Der Stadtpfarrer Holzmann wies jedoch dieses Verlangen als eine unberechtigte Einmischung in seine Rechte als alleinigen Nutznießers des Frauenholzes zurück, bestritt der Kirchenstiftung das Recht zum Bauholzbezug und stellte in Abrede, jemals die durch Stiftung und Fassion gezogenen Grenzen seines Benützungsrechtes überschritten zu haben.

II.

A. Am 10. Mai 1901 reichte die Kirchenverwaltung Sct. Gertraud in N. auf grund eines von den weltlichen Mitgliedern gefaßten Beschlusses bei der vorgesetzten K. Regierung, Kammer des Innern, den Antrag ein, verwaltungsrechtliche Entscheidung dahin zu treffen:

1. „daß der kath. Kirchenstiftung Sct. Gertraud in N. „ein Mitgenußrecht an den Erträgnissen des Frauen-„holzes zustehe, kraft dessen sie befugt sei, zu Bauten „an den Pfarrgebäuden von Sct. Gertraud die un-„entgeltliche Abgabe des benötigten Bauholzes aus „dem bezeichneten Walde zu beanspruchen;“
2. „daß ein jeweiliger Stadtpfarrer von Sct. Gertraud „als Nutznießer der Pfründestiftung verpflichtet sei, „den etwaigen aus dem Verkauf von Bauholz im

„Pfarrwalde erzielten Erlös, insoweit er den Wert des „ihm fassionsmäßig zukommenden Dienstholzes über„steigt, an die kath. Kirchenstiftung Sct. Gertraud „behufs Ansammlung eines Baufonds zur Unterhaltung „der Pfarrgebäude jederzeit abzugeben;“

3. „daß der gegenwärtige Stadtpfarrer Holzmann von „Sct. Gertraud schuldig sei, den Verkaufswert des in „den Jahren 1898, 1899 und 1900 von ihm aus „dem Pfarrwalde gewonnenen Bauholzes nach Abzug „des Wertes seines Dienstholzes und der Auslagen „an die Kirchenstiftung zu vergüten;“

4. „daß die kath. Pfründestiftung und der Stadtpfarrer „Holzmann in N. die Kosten des Verfahrens zu gleichen „Teilen zu tragen haben.“

Diesem Antrage war im wesentlichen folgende Begründung beigefügt:

Das Frauenholz sei Bestandteil einer öffentlichen Stiftung, und es handle sich darum, ob dem Nutznießer der Pfarrpfründestiftung der unbeschränkte Genuß des Pfarrwaldes zustehe, oder ob er sich dabei gewisse Einschränkungen gefallen lassen müsse. Die Auffassung der Kirchenverwaltung gehe dahin, daß der baupflichtigen Kirchenstiftung eine Art Mitgenußrecht an den Erträgnissen des Frauenholzes zustehe, insoferne sie nemlich die Abgabe des erforderlichen Bauholzes zu Baufallwendungen an den Pfarrgebäuden von Sct. Gertraud beanspruchen zu können glaube. Der gegenwärtige Pfründeinhaber als Vertreter der Stiftung bestreite dieses Recht, weshalb eine streitige Verwaltungsrechtssache nach Art. 8 Ziff. 35 des Gesetzes vom 8. August 1878, betreffend die Errichtung eines Verwaltungsgerichtshofes 2c., gegeben sei.

Nach der Wohlfarth'schen Stiftung sei der Pfarrer nur berechtigt, nach Maßgabe des Bedürfnisses Holz aus dem Pfarrwalde zu entnehmen, also Bauholz zum Verbauen im Pfarrhofe zu beziehen, nicht aber solches nach Belieben zu seinem Privatvorteile zu verkaufen. Die Entstehungsgeschichte des Frauenfonds beweise, daß alles überflüssige Bauholz in

Kapital umgewandelt, also aufgespart wurde. Nach der Fassion bestehe für den Pfarrer nur mehr ein Recht auf Brennholzbezug. Allerdings habe der Stifter dem Pfarrer auch das Recht zugestanden, Holz zum „Bauen“ dem Pfarrwalde zu entnehmen, allein, nachdem der Pfründebesitzer keine Baupflicht mehr zu erfüllen habe, sei es nur recht und billig und ganz im Sinne der Stiftung gelegen, daß nun an Stelle des Pfarrers die baupflichtige Kirchenstiftung als bezugsberechtigt eintrete, da der Pfarrwald die Bestimmung habe, für die „Behausung“ des Pfarrers das Bau- und Brennholz zu liefern. Die Pflicht des Pfarrers zur unentgeltlichen Holzabgabe bei Baufallwendungen sei auch seither immer anerkannt worden. Denn so oft im Zeitraume von bald 100 Jahren Bauten vorgenommen werden mußten, wie in den Jahren 1824, 1835 und 1852, sei das erforderliche Bauholz mit Genehmigung der Aufsichtsstellen ohne Entgelt aus dem Frauenholze abgegeben worden. Dem erhobenen Anspruche stehe daher auch der Rechtstitel der Verjährung zur Seite.

Der Antrag unter Ziff. 2 bezwecke eine Sicherstellung der Ansprüche der Kirchenstiftung. Hiezu sei dringende Veranlassung gegeben, da ein größerer Umbau bevorstehe und das Frauenholz in den letzten Jahren im Uebermaße und ohne Rücksicht auf dessen wirtschaftliche Bestimmung genutzt worden sei. Nach den eingezogenen Erkundigungen habe Pfarrer Holzmann in der angegebenen Zeit mehr als 1000 ℳ für verkauftes Bauholz eingenommen und außerdem sein fassionsmäßiges Brennholz empfangen.

Der unter Ziff. 3 gestellte Antrag sei eine Folge des vorangegangenen. Ueberhaupt bemesse sich das Genußrecht am Pfründegute analog nach den bürgerlichrechtlichen Grundsätzen vom Nießbrauch an fremder Sache, und auch von diesem Gesichtspunkte aus ließen sich die letztgenannten beiden Anträge rechtfertigen, namentlich wenn die Bestimmungen in §§ 1036, 1039 und 1051 des Bürgerlichen Gesetzbuches ins Auge gefaßt würden.

Falls den gestellten Anträgen eine Folge gegeben würde, so seien die Pfründestiftung und deren jetziger Inhaber für seine Person als unterliegende Teile zu erachten, weshalb sie dann zur gemeinsamen Kostentragung zu verfällen wären.

B. Die K. Regierung ließ nun zunächst den Sachverhalt bezüglich der Holzfällungen im Frauenholze erheben. Dies geschah durch die K. Regierungsfinanzkammer, Forstabteilung, die hierauf ein eingehendes Gutachten abgab. Hierin ist zunächst der Nachweis erbracht, daß in den Jahren 1898, 1899 und 1900 nicht mehr als das etatsmäßige Fällungsquantum von jährlich 80 Ster Holz im Frauenholze geschlagen und vom Nutznießer bezogen worden sei. Weiter ist festgestellt, daß der bezugsberechtigte Stadtpfarrer Holzmann ungeachtet der Abmachungen des technischen Betriebsleiters und des Vorhandenseins anderen Materials das ihm gebührende Holzquantum ausschließlich in Bauholz sich hat anweisen lassen, und daß es ihm auf diese Weise und in Anbetracht der hohen Preise für Stammholz möglich geworden ist, durch Veräußerung des gewonnenen Materials einen nicht unerheblichen Gewinn zu erzielen. Wenn alle Auslagen für Holzhauerlöhne, Cultur- und Betriebskosten, Forstschutz u. s. w., dann der Wert des dem Pfarrer zustehenden jährlichen Dienstholzbezuges von jährlich 60 Ster abgerechnet werden, so berechne sich der gemachte Reingewinn für die drei letzten Jahre zusammengenommen auf 900 ℳ.

Das bischöfliche Ordinariat, dem die Akten zur Einsichtnahme und Aeußerung zugeleitet wurden, stellte an die K. Regierung das Ersuchen, den Stadtpfarrer von Sct. Gertraud in seinen Rechten gegenüber den Ansprüchen der Kirchenstiftung zu schützen, gab es aber im übrigen dem Ermessen der Kreisstelle anheim, ob nicht gegen eine einseitige Ausnützung des Frauenholzes zum Nachteile der Besitznachfolger in der Pfarrpfründe irgend welche Fürsorge zu treffen sei.

Die K. Regierung ließ jetzt den klägerischen Antrag dem Stadtpfarrer Holzmann zur Erklärungsabgabe zustellen und dabei ihm mit Entschließung vom 20. Mai 1901 eröffnen, daß die Art und Weise, wie er in der letzten Zeit den Pfarrwald benützt habe, die Billigung der Aufsichtsstelle nicht finden könne, da sie den stiftungsgemäßen Bestimmungen nicht entspreche. Es habe ihm nicht zugestanden, nur wertvolles Bauholz abzuschlagen, und es müsse für künftig auf Einhaltung des richtigen Maßes und überdies auf Entschädigung der Pfründestiftung für den Entgang des aus dem Bauholzverkaufe in den letzten 3 Jahren gezogenen Reingewinns gedrungen werden.

Zu den Akten wurde festgestellt, daß in der Stadt N. bis zum 1. Januar 1900 das gemeine Recht gegolten hat.

C. Im Namen und Auftrage des Stadtpfarrers Holzmann stellte jetzt der Rechtsanwalt Justizrat Dr. X. mit Schriftsatz vom 15. Juni 1901 an die K. Regierung die Bitte, die Anträge der Kirchenverwaltung Sct. Gertraud wegen Unzuständigkeit der Verwaltungsbehörden, gegebenenfalls wegen mangelnder Begründung abzuweisen und das ausschließliche Recht des Pfarrers anzuerkennen, das Frauenholz in dem durch den Stiftungsbrief bestimmten Umfange nutzen, d. h. Bauholz und Brennholz daraus beziehen zu dürfen.

Aus der Begründung ist folgendes hervorzuheben:

a. die Klägerin habe zwar ihre Forderungen äußerlich in das Gewand eines verwaltungsrechtlichen Anspruchs gekleidet, in Wahrheit habe sie aber den ganz bestimmten Zweck im Auge, zur Bestreitung der Kosten des unmittelbar bevorstehenden Pfarrhof-Umbaues einen Konkurrenzbeitrag in der Form der unentgeltlichen Bauholzabgabe aus dem Stiftungswalde zu erhalten. Sie gehe von dem Gedanken aus, die Pfründestiftung Sct. Gertraud sei baupflichtig und die Verbindlichkeit zur Bauholzlieferung bilde den Inhalt dieser ihrer Baupflicht. Da der Pfarrer eine solche nicht anerkenne, bestehe thatsächlich ein Baupflichtsstreit, der nur von den Civilgerichten entschieden werden könne.

Abgesehen davon sei die Zuständigkeit der Verwaltungsbehörden nur dann begründet, wenn das von der Wohlfarthschen Stiftung herrührende Vermögen Bestandteil einer öffentlichen Stiftung sei. Dies müsse aber bestritten werden. Der Wortlaut des Stiftungsbriefes vom 16. April 1520 lasse nemlich die Auslegung zu, daß das Frauenholz zum ausschließlichen Privatvorteile des jeweiligen Pfarrers gegeben werden wollte. Diese Auffassung scheine auch im Jahre 1805 bei Regelung der Baupflicht geherrscht zu haben, denn außerdem ließe sich nicht verstehen, warum damals der Pfarrer ungeachtet der Bestimmung der Stiftung über die Bauholzabgabe zu einer entsprechenden Leistung nicht verhalten wurde. Diese Unterlassung finde aber ihre ausreichende Erklärung in der schon damals bestandenen Anschauung, daß die Wohlfarth'sche Stiftung wegen ihres privaten Charakters nicht in Anspruch genommen werden könne.

Die Unanwendbarkeit des Art. 8 Ziff. 35 des Gesetzes vom 8. Aug. 1878 ergebe sich hieraus von selbst. Dazu komme noch, daß der erwähnten Stiftung auch die landesherrliche Genehmigung abgehe, und daß auch kein unmittelbarer Zusammenhang zwischen den erhobenen Ansprüchen und der Bestimmung des Frauengutes bestehe. Denn die Kirchenstiftung Sct. Gertraud diene anderen kirchlichen Sonderzwecken als das vorerwähnte Gut. Das letztere sei ausschließlich zum Unterhalte des Geistlichen, die erstere zur Bestreitung der Kirchenbedürfnisse im engeren Sinne bestimmt. Endlich sei auch Art. 10 Ziff. 13 a. a. O. nicht einschlägig, weil dort ein genossenschaftlicher Verband als Grundlage von öffentlichrechtlichen Pflichtleistungen vorausgesetzt werde, der hier nicht gegeben sei.

b. Sowohl der Kirchenverwaltung als auch der Aufsichtsstelle gegenüber müsse der Stadtpfarrer von Sct. Gertraud das alleinige Recht für sich beanspruchen, den Stiftungswald in dem Umfange zu benützen, wie es in den letzten Jahren geschah. Das Benützungsrecht am Frauenholze sei durch den Stiftungsbrief unabänderlich festgelegt. Hienach stehe dem jeweiligen Pfarrer die ausschließliche Nutznießung zu, was auch durch die kurfürstliche Entschließung vom 20. Dezember

1805 anerkannt worden sei. Bei dieser Sachlage müßte das behauptete Mitgenußrecht der Kirchenstiftung auf einen besonderen Rechtstitel gestützt werden können, wenn es begründet sein sollte. Ein solcher sei aber nicht nachweisbar. Aus der Baupflicht der Kirchenstiftung könne ein Rechtsanspruch auf Bauholz aus dem Pfarrwalde nicht abgeleitet werden. Wenn der Pfarrer jetzt keine Baupflicht mehr habe, so folge daraus noch nicht, daß er nun das Bauholz der baupflichtigen Kirchenstiftung ablassen müsse. Nur mit dessen Erlaubnis und unter den von ihm gestellten Bedingungen könne die genannte Stiftung Bauholz aus dem Frauenwalde erhalten. Von einem Rechte hierauf könne nicht die Rede sein. Ein solches habe auch nicht durch Verjährung entstehen können. Denn in den Jahren 1824 und 1835 habe der Pfarrer freiwillig und nicht in Anerkennung einer Verpflichtung Bauholz unentgeltlich verabfolgt, und im Jahre 1852 sei der Pfründeinhaber gegen seinen Willen und unter Verletzung der stiftungsmäßigen Bestimmungen zur Holzabgabe gezwungen worden. Diese Fälle seien nicht geeignet gewesen, einen Rechtserwerb zu begründen.

Was den Umfang des Nutzungsrechtes betreffe, so erstrecke sich letzteres sowohl auf Bau- als Brennholz, und im übrigen sei es im Stiftungsbriefe mit „ziemlich" und „mäßig" umschrieben und jetzt durch die Fassion und den Wirtschaftsplan näher geregelt. Die hiedurch gesetzten Schranken habe der Nutznießer in den letzten Jahren nicht durchbrochen. Sein Bezugsrecht auf Bauholz sei keineswegs vom Bestehen einer Baupflicht abhängig, denn es sei auch ein „Bauen" ohne eine solche möglich. Die wohlthätige Absicht des Stifters würde zum großen Teile vereitelt sein, falls dem Pfarrer nicht auch die Entnahme von Bauholz gestattet wäre. Wenn der jetzige Pfründebesitzer infolge günstiger Verkaufs- und Preisverhältnisse in den letzten Jahren durch Holzverkauf einen kleinen Gewinn gemacht, so sei dies seine Sache, und es könne ihm hieraus ein Vorwurf nicht gemacht werden. Für das Pfründenrecht seien nicht die Vorschriften des

Bürgerlichen Gesetzbuches, sondern noch die Bestimmungen des einschlägigen älteren Rechts maßgebend, das jeden Orts in Geltung war. Dies sei hier das gemeine Recht. Hienach stehe aber dem Nießbrauchberechtigten das unveräußerliche Recht zu, eine Waldung nach den Regeln einer guten Wirtschaft und ohne Eingriff in die Substanz der Sache in jeder Weise zu nutzen. Von dieser Regel habe Stadtpfarrer Holzmann sich nie entfernt, und es sei darum auch keine Berechtigung zu der verlangten Haftbarkeitserklärung und Sicherungsmaßnahme gegeben.

D. Die K. Regierung, Kammer des Innern, lud jetzt die Beteiligten zur öffentlichen Verhandlung der Sache im verwaltungsrechtlichen Senate auf einen hiefür angesetzten Termin vor. Für die Kirchenstiftung Sct. Gertraud in N. war der von der Kirchenverwaltung bevollmächtigte Kirchenpfleger und für den Stadtpfarrer Holzmann dessen Anwalt erschienen.

Nach erstattetem Vortrage durch den Referenten wurde an die Parteivertreter von dem Senatsvorsitzenden die Frage gerichtet, ob sie gegen die Richtigkeit des zur Verlesung gekommenen Gutachtens der K. Regierungsfinanzkammer, Forstabteilung, oder die hierin enthaltenen thatsächlichen Feststellungen irgend eine Erinnerung zu machen hätten. Beide Parteivertreter verneinten dies und hielten dann, als sie nacheinander zum Worte kamen, im wesentlichen die früheren Anträge unter Bezugnahme auf deren schriftliche Begründung aufrecht. Der Vertreter des Stadtpfarrers machte noch besonders darauf aufmerksam, daß die Akten über die Erteilung eines karatelamtlichen Streitkonsenses an die kath. Kirchenverwaltung Sct. Gertraud nichts entnehmen ließen, dann daß die K. Regierung schon deshalb eine sachliche Entscheidung nicht werde treffen können, weil die erste Instanz noch nicht gesprochen habe. In Verwaltungsrechtssachen seien nemlich die Distriktsverwaltungsbehörden, also in unmittelbaren Städten die Stadtmagistrate die erste Instanz. Der Stadtmagistrat N. hätte aber in der Sache noch keinen Beschluß gefaßt.

Aufgabe: Der von der K. Regierung zu erlassende Bescheid ist in Haupt- und Nebensache zu entwerfen und unter erschöpfender Würdigung der Parteibehauptungen und der gesamten Sach- und Rechtslage zu begründen.

Die Ausarbeitung des Sachverhalts ist erlassen; als solcher gilt die obige Darstellung.

J. Schweitzer Verlag (Arthur Sellier) München

Staudinger, Dr. J. v., K. Geh.-Rat u. Senatspräsident a. D. **Kommentar zum Bürgerlichen Gesetzbuche für das Deutsche Reich nebst Einführungsgesetz** Gemeinschaft mit **Dr. Theodor Löwenfeld,** k. Universitätsprofessor und Rechtsanwalt, **Dr. Erwin Riezler,** Privatdozent, **Philipp Mayring,** k. Oberlandesgerichtsrat, **Karl Kober,** k. Landgerichtsrat, **Dr. Theodor Engelmann,** k. Landgerichtsrat, **Dr. Felix Herzfelder,** Rechtsanwalt, **Joseph Wagner,** k. Oberlandesgerichtsrat und Landtagsabgeordneter, herausgegeben.

Erschienen sind 18 Lieferungen. Preis: **Mk. 56.20;** zu den vollständigen Bänden II, III und IV können Einbanddecken in Halbfranz zum Preise von à **Mk. 1.50** bezogen werden. Bd. VI wird mit dem Gesamtregister zusammengebunden.

Becher, Dr. H., Kgl. Landgerichtsrat in München. **Die Ausführungsgesetze zum Bürgerlichen Gesetzbuche.** Sammlung der von den Bundesstaaten zur Ausführung des Bürgerlichen Gesetzbuchs und seiner Nebengesetze erlassenen Gesetze und mit Gesetzeskraft versehenen Verordnungen.

gr. 8°. 2 Bände und ein Ergänzungsband mit einem Gesamtregister (ca. 215 Bogen). Brosch. **Mk. 32.60;** in Halbfranz geb. **Mk. 38.50.**

Becher, Dr. H., Kgl. Landgerichtsrat in München. **Die gesamten Materialien** zu den das **Bürgerliche Gesetzbuch und seine Nebengesetze** betreffenden **bayerischen Gesetzen und Verordnungen.** gr. 8°. 9 Bände in Ganzleinen geb. **Mk. 62.—.**

Böhm, Ferd., weil. Rat a. K. Obersten Landesgerichte in München, und **Max Klein,** Reichsgerichtsrat in Leipzig. **Das bayerische Ausführungsgesetz zum Bürgerlichen Gesetzbuche.** gr. 8°. (28½ Bogen.) 1901. Brosch. **Mk. 9.—.** In Halbfranz gebd. **Mk. 11.—.**

Dispeker, Dr. Siegfried, Rechtsanwalt in München. **Alphabetisch geordneter Führer durch das Bürgerliche Gesetzbuch und dessen Nebengesetze** mit besonderer Berücksichtigung der für Bayern geltenden Bestimmungen und unter vergleichender Bezugnahme auf die römisch-rechtl. Benennungen. gr. 8°. (VIII, 372 S.) 1900. In Halbfrz. geb. **Mk. 9.—.**

J. Schweitzer Verlag (Arthur Sellier) München

Jaeger, Dr. Ernst, ord. Professor a. d. Universität Würzburg. **Das Bürgerliche Gesetzbuch mit Nebengesetzen und einem Gesamtregister für den akademischen u. praktischen Gebrauch.**

Ausgabe für das Königreich Bayern.

gr. 8°. (VIII, 1376 S.) In Halbfranz gebunden **Mk. 10.50.**

Meikel, G., kgl. Amtsrichter in München, **Bayerische Ausführungsgesetze** zum Bürgerlichen Gesetzbuche, zur Civilprozeßordnung und zum Gerichtsverfassungsgesetz mit Wiedergabe der citierten Paragraphen, Anmerkungen, Vollzugsvorschriften und einem Gesamtregister. 2. vermehrte u. verbesserte **Auflage.** 8°. 45 Bogen. Broch. **Mk. 6.50,** gebd. in Ganzleinen **Mk. 7.50.**

Meikel, Gg. Das Bürgerliche Gesetzbuch für das Deutsche Reich und Einführungsgesetz **mit Wiedergabe der verwiesenen Paragraphen** und ausführlichem Sachregister. gr. 8°. 40 Bogen. In Ganzleinen gebunden **Mk. 3.60.**

In dieser Ausgabe sind unter jedem Paragraphen die verwiesenen Paragraphen teils wörtlich, teils in entsprechender Fassung abgedruckt. Das zeitraubende Nachschlagen wird somit vermieden. Die Ausstattung ist in jeder Hinsicht vorzüglich.

Von demselben Werke ist erschienen eine

Ausgabe auf Schreibpapier mit breiten Rändern.

Format des Reichsgesetzblattes. Gebd. **Mk. 6.—.**

Meisner, Chr., Rechtsanwalt in Würzburg. **Die Vorschriften des B.G.B.** über die **Viehgewährschaft** nebst der hiezu ergangenen kaiserlichen Verordnung vom 27. März 1899. Kommentierte Handausgabe. 8°. (XIV, 161 S.) 1900. Gebunden **Mk. 3.40.**

Meisner, Chr., Rechtsanwalt in Würzburg. **Das in Bayern geltende Nachbarrecht mit Berücksichtigung des Wasserrechts.** 8°. (21 Bogen) 1901. Broch. **Mk. 6.—.** In Ganzleinen gebd. **Mk. 7.20.**

J. Schweitzer Verlag (Arthur Sellier) München

Frankenburger, Dr. Heinr., Rechtsanwalt in München, **Handelsgesetzbuch für das Deutsche Reich** (mit Ausnahme des Seerechts) nebst dem Einführungsgesetze. Handausgabe mit Erläuterungen und ausführlichem Sachregister. **2. vollständig umgearbeitete Auflage.**

Der Gesamtumfang der jetzt erscheinenden zweiten Auflage wird ca. 40 Druckbogen, der Preis etwa **Mk. 7.—** betragen.

Laß, Dr. jur. Ludw., Kaiserl. Regierungsrat im Reichsversicherungsamt zu Berlin, und **Dr. jur. Rud. Maier,** Rechtsanwalt in München u. Syndikus mehrerer Versicherungs-Gesellschaften. **Haftpflichtrecht und Reichsversicherungsgesetzgebung.** Zum praktischen Gebrauche bearbeitet. **Zweite** nach dem neuesten Stande der Gesetzgebung bearbeitete **Auflage.**

gr. 8°. (XX, 303 S.) Broschiert **Mk. 7.20,** in Ganzleinwand gebunden **Mk. 8.20.**

Müller, Dr. Ernst, k. Amtsrichter und Mitglied des Reichstags für Meiningen. **Das Deutsche Urheber- und Verlagsrecht.** Band I, enthaltend: **1. Das Reichsgesetz betr. das Urheberrecht an Werken der Literatur und Tonkunst.** 2. **Die internationalen Urheberrechtsbeziehungen des Deutschen Reichs. 3. Das Reichsgesetz betr. das Verlagsrecht.**

8°. (27 Bogen.) Preis **Mk. 7.—,** gebunden in Ganzleinen **Mk. 8.20.**

Band II wird das künstlerische und photographische Urheberrecht und das Geschmackmustergesetz umfassen.

Jeder Band ist für sich abgeschlossen und einzeln zu beziehen.

Maenner, K., kgl. Oberlandesgerichtsrat in Zweibrücken. **Das Recht der Grundstücke** nach dem Bürgerlichen Gesetzbuche und der Grundbuchordnung für das Deutsche Reich.

8°. (VIII, 408 S.) Brosch. **Mk. 9.—,** in Halbfr. geb. **Mk. 11.—.**

Meyer, Karl, K. Landgerichtsrat in Landshut. **Die Konkursordnung für das Deutsche Reich nebst den zugehörigen Einführungsgesetzen und das Reichsgesetz, betr. die Anfechtung von Rechtshandlungen eines Schuldners außerhalb des Konkursverfahrens** in der Fassung vom 20. Mai 1898. Handausgabe mit Erläuterungen, ausführlichem Sachregister und einem Anhang.

8°. (30 Bogen.) In Ganzleinen geb. **Mk. 6.—.**

J. Schweitzer Verlag (Arthur Sellier) München

Neumiller, Josef, Rat am K. Landgerichte München I **Die Civilprozeßordnung für das Deutsche Reich.** In der Fassung des R.-G. vom 17. V. 1898 nach der Bekanntmachung vom 20. V. 1898. **Handausgabe mit Erläuterungen unter besonderer Berücksichtigung der Bayerischen Gesetzgebung u. Rechtspflege** nebst einem Anhange, enthaltend **das Gerichtsverfassungsgesetz, die Kostengesetze und sonstige wichtige Nebengesetze.**
Erscheint demnächst!

Kößler, Hans, k. Gerichtssekretär in München. **Handbuch für die Praxis bei den Gerichten,** sowie im **Anwalts-, Notariats- u. Gerichtsvollzieherdienste.** Dritte, vollständig umgearbeitete Auflage.
Durch Vorführung praktischer Fälle unter Festsetzung bestimmter Normen mit Erläuterungen, Bemerkungen, sowie Anfügung der gesetzlichen Bestimmungen und ministeriellen Entschließungen bearbeitet und mit einem Gesamtregister versehen.
Erscheint demnächst!

Kaisenberg, Heinrich, kgl. Notar in München. **Kommentar zum bayerischen Notariatsgesetze** vom 9. Juni 1899.
Gr. 8°. 1./3. Lieferung. (15 Bogen) **Mk. 4.50.**
Der Gesamtumfang wird etwa 25 Druckbogen, der Preis ca. **Mk. 8.—** betragen.

Kaisenberg, Heinr., k. Notar in München. **Gesetz, das Unschädlichkeitszeugnis betr.,** vom 15. Juni 1898. Handausgabe mit einleitendem Text, Bemerkungen, Sachregister und Beispielen.
8°. (X, 146 S.) 1899. In Ganzleinen gebd. **Mk. 3.—.**

Wochinger, K., K. Amtsgerichts-Sekretär, **Die Prozeßgebühren-Gesetze für das Deutsche Reich,** in der Neutextierung vom 20. Mai 1898, umfassend: **Das Gerichtskostengesetz, die Gebührenordnung für Zeugen und Sachverständige, die Gebührenordnung für Gerichtsvollzieher, die Gebührenordnung für Rechtsanwälte.** Handausgabe mit Erläuterungen, Tabellen und ausführl. Sachregister.
8°. (VIII, 295 S.) In Ganzleinen geb. **Mk. 4.20.**
Ein **Ergänzungsband für Bayern** befindet sich in Vorbereitung.

J. Schweitzer Verlag (Arthur Sellier) München

Allfeld, Dr. Ph., Professor in Erlangen. **Die Strafgesetzgebung des Deutschen Reichs.** Sammlung aller Reichsgesetze strafrechtlichen und strafprozessualen Inhalts mit einem Gesamtregister für den akademischen Gebrauch und die Praxis. **127 Gesetze.**
gr. 8°. (VIII, 924 S. und **2 Ergänzungsblätter.**) 1900. In Halbfranz geb. **Mk. 8.—.**

Buchert, Karl, Rat des Kgl. b. Verwaltungsgerichtshofes **Sammlung in der Praxis oft angewandter Verwaltungsgesetze nebst einer Anzahl derartiger Verordnungen ꝛc. für das Königreich Bayern.**
gr. 8°. (VIII, 1180 S.) 1900. In Halbfranz geb. **Mk. 9.50.**

Lindner, Franz, k. Oberamtsrichter. **Erläuterungen zur Bayerischen Gemeindeordnung für die Landesteile diesseits des Rheins.** In dritter nach dem neuesten Stande der Gesetzgebung bearbeiteter Auflage mit herausgegeben von **Dr. Th. v. Hauck,** k. Oberstaatsanwalt a. D. am Verw.-Ger.-Hof.
gr. 8°. (VII, 642 S.) 1901. **Mk. 7.50.** In Ganzleinen geb. **Mk. 8.50.**

Seeberger, G., Pfarrer und Dekan in Bamberg, **Handbuch der Amtsführung für die protestantischen Geistlichen Bayerns r. d. Rheins.**
gr 8°. (XXII, 1201 S.) 1899. Brosch. **Mk. 14.—, geb. Mk. 16.50.**

Staudinger, Dr. Julius v., Kgl. Geh.-Rat und Senatspräsident a. D. **Vorträge aus dem Gebiete des Bürgerlichen Gesetzbuchs für Verwaltungsbeamte.**
8°. (XII, 616 S.) In Ganzleinen geb. **Mk. 10.50.**

Wirschinger, L. F., K. Bezirksamtmann a. D. **Das Jagdrecht des Königreichs Bayern** für das rechtsrheinische Bayern und die Pfalz systematisch bearbeitet.
gr. 8°. (28 Bogen.) Brosch. **Mk. 6.80, geb. Mk. 8.—.**

FSC
www.fsc.org
MIX
Papier | Fördert
gute Waldnutzung
FSC® C083411

Kolibri 360 GmbH
Ferdinand-Jühlke-Straße 7
99095 Erfurt, Deutschland
produktsicherheit@kolibri360.de